KB096526

저는 없습니다.

육아 철학 따윈.

이 세 상 모 든

처 음 엄 마 에 게

prologue

아이들은 인생의 위기다. 아름다운 위기임은
분명하다. 어쨌든 위기다. 그러나 당신에게
이런 말을 해주는 사람은 거의 없을 것이다.
인간이 가진 종적 번식 본능은 육아의 어려움
을 숨기게 만든다. 그래야 그 사실을 모르는
당신도 아이를 낳을 테니까.

- [피니시, 존 에이커프 저] 중에서 -

이럴 줄은 몰랐다!

내가 생각했던 '단란한 가정'말이다. 남편은 이런 나에게 모르고 결혼했냐며 한심한 듯 쳐다본다. 그래, 몰랐다. 정말이지 나는 몰랐다.

'아직 아무것도 모릅니다. 잘 가르쳐 주세요, 사부인.'

연신 몸을 굽히며 곧 사돈이 될 사람에게 인사하던 친정엄마의 말이 그냥 하는 말이 아니었던 거다. (그걸 이제야 알다니!)

육아 내공 12년, 아이는 어느새 초등학교 고학년이 되었고 나는 동네에서 자주 볼 법한 흔하디흔한 아줌마가 되었다. 아무런 준비도 없이 갑작스레 엄마가 된 나에게 육아는 그저 버겁고 또 버거운 일, 누군가 대신 한다면 그렇게라도 훌훌, 마치 결혼조차 하지 않았던 사람처럼 원래의 자리로 돌아가고픈 일이었다.

하지만 생각해보면 나에게 '원래의 자리'라는 게 있기나 한 걸까. 이 자리를 위해 지금껏 수많은 선택 속에 살아온 것이 아니었던가.

누가 나에게 육아가 무엇이냐고 묻는다면 나는 이렇게 답할 것이다.

'육아는 모든 두려움을 이겨내는 것.'

한 번도 겪어보지 못한 진통의 두려움을, 깊은 밤 자지러지게 우는 아이를 데리고 어떻게 해야 할지 몰라 우왕좌왕하는 나를 둘러싼 두려움을, 이 작은 아이를 온갖 위험으로부터 무조건 지켜내야 한다는 두려움을 태연한 듯 의연하게 이겨내는 것. 그것이 겹겹이 쌓여 나의 일부가 될 때 아이와 나는 함께 단단해지며 깊어진다. 가끔은 부딪히고 부서져 바스라 질지도 모른다. 그래도 괜찮다. 언제 어느 때라도 다시 일어설 수 있는 힘이 남아있는 한, Just keep giong 이다. 육아란 그렇다.

나의 사소한 잘못에 자책하지 말며 바닥끝까지 애써 감정을 끌어내리지도 말자. 엄마는 그래야 한다. 그래야 엄마다.

많은 책을 읽었다. 아이의 수면장애, 그로 인한 나의 불면증으로 셀 수 없이 많은 밤을 보내면서도, 나는 책을 읽었다. 그것은 나를 지탱해 주는 기둥이었으며 에너지였고 심연의 고통을 보듬어주는 따뜻한 손길이었다. 내가 그랬던 것처럼 당신에게도 그런 손길이 필요한지도 모른다. 앞이 보이지 않는 것 같은 깊은 어둠 속에서 기어이 당신을 찾아내 당신의 내면을 쓰다듬어 줄 손을 놓치지 않길 바란다. 내 글이 그랬으면 좋겠다. 아주 조금이라도 누군가에게 따스한 손길이 되었으면 좋겠다.

바닷바람 선선한 통영에서 , 황서현 씀.

저는 없습니다.
육아 철학 따윈.

CONTENTS

처음부터 잘하는 사람, 물론 있어요.
하지만 다 그렇진 않다는 걸 잊지 말아요.

제일장 _ 처음이니까, 모를 수 밖에.

01.아이를 낳는다는 것.

아이를 낳는다는 건 쉬운 일이 아니다.
그야말로 목숨 걸고 하는 일이다. 그런데 사람들(출산을 간접적으로라도 겪어보지 못한 사람들)은 그 사실을 전혀 생각하지 않는 모양이다. 뭐 그저 임신 10개월(군대 가는 거에 비하면 굉장히 짧은 시간이라고 말하는 자도 있지 않은가) 배불렀다가 '예정일'이라는 날짜 그 즈음에 힘 몇 번 주면 쑥 하고 나오는 줄 안다. 그래 뭐 가끔은 그리 쉽게 아이를 낳는 사람들도 있긴 하다. 그래서 나는 그런 사람들이 어쩔 땐 조금 얄밉기도 하다.

아직도 나에게 출산이란, 엄마라는 이름 하나 받기 위해 목숨을 거는, 고귀한 행위이다. 태어나서 30년 동안 단 한

번도 이와 맞먹는 고통을 겪어보지 않았던 나는 진통하는 그 긴 시간 동안 '이것이 바로 사람들이 흔히 말하는 만.신.창.이라는 것이구나.'라고 생각했다. 더 고통스러운 단어를 내가 알고 있었다면 아마 그 단어가 내내 머릿속을 휘젓고 있었을 것이다.

첫 아이는 첫 아이대로, 둘째는 둘째대로 엄마들은 출산 전에 겁을 먹는다. 아직 경험해 보지 못했으니까, 예전의 그 고통을 아니까 말이다. 임신을 알게 된 그 순간 기쁨도 잠시, 복잡해진 머릿속을 정리하는 일도 쉽지 않다. 얼른 아이를 만나보고 싶으면서, 동시에 건강한 아이를 잘 낳을 수 있을까? 를 비롯한 수많은 걱정 속에 하루에도 수십 번 오르락내리락한다. 점점 다가오는 출산 예정일만큼이나 조바심도 걱정도 기쁨도 설레는 마음도 매일같이 커져만 간다. 짧다면 짧을 임신 출산 육아 3년(딱 3년까지 굉장히 힘든 시간이었던 것 같다)이 나에게는 너무나 큰 변화였다.

나는 몸도 마음도 생각도 변했다.
뚱뚱해졌고, 세상이 조금 더 두려워졌고, 말도 안 되는 일에도 '그래, 그럴 수도 있다.'는 마음을 갖게 되었다. 아이를 키우면서 하루하루 별 탈 없이 살고 있음에 감사하는 마음도 가지게 되었고, 남들 자는 만큼 자보는 것이 간절한 소원이 되기도 했다. 밖에서 자기 아이 등을 후려치며 불같이 화를 내는 엄마를 '조금' 이해하기도 하고, 나를 이렇게나 건강하게 키워주신 부모님께 감사하는 마음도 갖게 되었다. 세상에 쉬운 일 없다지만 아이를 낳고 키우는 것이 나는 제일 어려웠다.

임신함과 동시에 엄마들은 여러 가지 변화를 겪는다. 그중 가장 눈에 띄는 건 역시 신체의 변화이다. 10개월 동안 서서히 진행되는 이 변화는, 임신 8~10개월쯤에 확 불어나긴 한다. 다른 집 아이는 임신되고 금방 10개월 채워서 어느새 100일 떡까지 돌리고 있지만, 내가 겪어보는 그 10개월은 생각보다 꽤 길었다. 그 긴 10개월 동안 내 마음은 언제나 불안했다. 인간의 가장 기본적인 감정이자 삶을 생존케 하는 매우 중요한 감정을 불안이라 했지만, 내 안의 그것은 봄눈 녹듯 쉬이 사라지지 않았다.

임신한 순간부터 우리는 '엄마'가 된다. 배 속에 있는, 아직 꾸물거리기는커녕 콩알 만해 잘 보이지도 않는 태아에게 "안녕 아가, 엄마야." 라 말하는 것이 참 이상하기도 하고 어색한 일이다. 하지만 엄마들은 아이가 뱃속에 자리 잡고 자라고 있다는 것을 이내 받아들이고 폭풍입덧을 하며 커지는 불편함을 감내한다. 배가 점점 불러오면서부터는 똑바로 누워 자지도 못해 옆으로 눕고, 방광이 있을 자리가 점점 좁아지면서 매일 밤 자다가도 들락날락, 화장실 가기 바쁘다. 바닥에 앉았다 일어날 때 손목을 짚으면 욱신거려 한동안 손목을 주무르고 있어야 하며, 뛰는 것은 고사하고 걷는 것조차 버겁다.

임신 5개월쯤 태동이 시작되면 이 또한 처음 느껴보는, 굉장히 신선한 느낌이지만 심해지면 숨쉬기가 힘들 때도 있다. 좋아하던 커피를 마음껏 못 마셔 종일 머리가 아플 때도 있고, 맥주를 벌컥벌컥 들이켜는 광고를 보면서 나는 침을 꿀꺽 삼킨 적도 여러 번.

참는 것은 곧 일상이 되지만 그렇다고 힘들지 않은 것은 아니었다. 이 모든 일련의 일들이 10개월 내내 지속하기에 겪어보면 상당히 길다는 느낌을 지울 수 없다. 내 친구는 임신 중 한쪽 귀가 잘 안 들렸던 것이 가장 힘들었다고 했다. 이 병원 저 병원 다 다녀 봐도 별 이상은 없고 그냥 아이를 낳으면 저절로 낫게 될 것이란 진단을 받았다고(실제로 출산 후 귀는 정상으로 돌아왔다). 그 친구는 입덧과 몸이 무거운 것도 힘들었지만, 귀가 안 들리는 것이 가장 힘들었다고 한다.

그런데 임산부를 보는 엄마들은 이렇게 말한다. "배

속에 있을 때가 좋은 거야." 나 또한 이 이야기를 참 많이 들었다. 임신 2개월 차부터 막달까지 내내 입덧하고 있었던 나는 어찌나 이 말이 듣기 싫던지. 입덧이 심해서 뭘 제대로 먹지도 못하는데 배 속에 있을 때가 좋을 때라니! 그저 얼른 시간이 지나 남들처럼 한 번에 쑥-낳고 훌훌 가벼운 몸으로 산책로를 뛰어다니고 싶은 마음이었다. 하지만 아이를 낳고 보니 그 말이 무슨 뜻인지 알게 됐다. 육아는 그보다 훨씬 더 힘들다는 것을 한 줄로 요약한 말이라는 걸.

"배 속에 있을 때가 좋은 거야~ 키워봐라. 그건 네가 상상했던 것 그 이상의, 이상의, 이상이 될 것이니!"

라고 말해줬으면 더 좋았을 텐데. 그랬다면 아마 마음의 준비라도 더 하지 않았을까. 낳자마자 산책로를 뛰어다닐 거라는 미친 상상 따위는 절대로 하지 않았을 텐데 말이다.

02.독박
육아
신가요?

독 박 육 아
엄마(주 양육자, 편의상 엄마라고 쓰겠다) 혼자서 아이를
돌본다는 뜻인데, 신생아부터 글쎄 몇 살까지의 아이로
기준을 잡아야 할지 잘은 모르겠다만 적어도 초등학교
저학년까지가 아닐까 싶다. 어쨌든 독박 육아는, 버겁다.
엄마 혼자(친정, 시댁 등 누구의 도움도 받지 않아야 진정한
독박이지)

- 청소(주방, 거실, 방, 화장실, 베란다, 현관)

- 빨래(빨래하기 - 말리기 - 착착 개서 정리하기)

- 삼시 세끼 밥 챙겨주기와 설거지

- 틈틈이 간식 챙기기

- 쓰레기 버리기(음식물, 재활용, 일반)

- 놀아주기(산책시키기)

- 씻기기

- 마트 장보기

- 재우기

그러다 다음날이면 또 깨우기, 씻기기, 먹이기를 반복하면서 청소, 빨래 등의 집안일. 이게 뭐가 힘드냐! 고 하지 말자. 그렇다면 당신의 부모님도 전혀 힘들이지 않고 당신을 키워낸 것일 터, 부모님을 생각하며 먹먹해질 필요도 없을 테니 말이다. 신생아는 신생아대로, 영유아는 영유아대로 그리고 초등학생, 사춘기 아이 시기 때때로 육아가 힘든 건 매한가지다.

위에 나열한 것들은 육아에 있어 가장 기본적인 것으로 날마다 해야 하는 일일 뿐이고, 그 와중에 각종 공과금 납부(은행 업무), 요리책 탐독(요리는 타고나나? 다 배워야 하는 것들투성이다), 경조사(결혼식이든 제사든) 챙기기, 계절에 맞는 이불 꺼내기 같은 사소한 살림도 포함한다. 그러다 아이가 아프기라도 하면?! 여기서 또 추가되는 것이다. 병원 다니면서 아이 간호하기! 아이가 아프다면 병원을 가야 하고(심하면 입원, 그렇다면 엄마는 더 버거워진다. 몸도 마음도) 먹는 것도 더 신경을 써야 한다. 먹는 것을 신경 쓰려면 장을 봐서 제대로 된 보양식으로 해줘야 할 텐데 독박 육아에선 그마저도 쉽지 않다.

우리 아이의 아플 때 증상은 주로 열이 오르는 것인데 39.3도는 놀랍지도 않다. 39.9도까지 오르락내리락하는 일도 다반사. 그럴 때마다 나는 해열제 먹이고 열을 체크하면서 미지근한 수건으로 밤새도록 아이의 몸을 닦아낸다. 잠 한숨 못 잔 채로. 날이 밝아오면 주섬주섬 준비해 아이를 데리고 병원으로 가는데 워낙 사람이 몰리는 병원이라 아침 7시 45분이면 진료 접수 신청을 받는다. 나는 7시 35분에 병원에 도착해 문 열기를 기다렸다가 1번으로 접수를 한다. 그만큼 부지런히 움직여야 아픈 아이를 조금이라도 더 빨리 진료받게 할 수 있기 때문이다. (유난스럽다고 하지 말자. 8시에 접수하면 순식간에 대기번호 15번으로 밀려난다!)그렇게 진료를 받고 나서 집으로 오면 또다시 시작이다. 먹이기(약 먹이기 추가), 좀 나아진 아이와 놀아주기, 씻기기, 재우기의 무한 반복.

아빠가 도와준다고 해도 별것 없겠지만 어떤 점에선 없는 것보단 낫다는 생각도 든다. 나는 여전히 독박 육아 중인데, 1년에 1/3을 출장과 당직으로 집을 비우는 남편 때문. 그래서인지 이젠 독박 육아가 익숙하다. 여기서 잠깐! 나도 아파 죽겠는데 혼자 이 모든 것을 해야 한다면! 이것이 독박 육아의 꽃이며 핵이다. 나도 아픈데 아픈 아이를 간호하며, 아이를 위해 죽을 끓여내야 하는 현실('잘됐네. 한번 끓여서 너도 먹고 아이도 먹고.'라뇨)

어쨌든 독박 육아 중이신 모든 엄마에게 하고 싶은 말은, 지금 잘 먹고 잘 뛰어놀고 있는 아이에게 감사합시다. 아프지 않고 건강하게 커가는 것이 가장 중요한 거니까요. (엄마가 그. 나. 마 편한 것이 사실이잖아요.)

03.분노조절이 필요해.

1~3세 아이를 키우는 엄마들의 가정생활을 관찰한 연구자들은 3분마다 작은 갈등이 생기고, 한 시간에 세 번 씩 좀 더 큰 갈등이 발생함을 알았다. 갈등은 이후에도 계속되었고 4~5세 아이에서는 2배 더 많이 나타났다. 이러한 결과는 엄마들이 얼마나 피곤해하며 긴장하고 있는지 보여준다.

- [프랑스 엄마처럼 똑똑하게 야단쳐라/

지젤 조르주, 샤를 브뤼모] 중에서 -

아이가 또 내 말을 듣지 않는다. 나는 내 자존심을 죽이고 한번 참아주었다. 난 한발 양보했지만, 아이의 행동은 더욱 거세졌다. 아이는 버릇처럼 멋대로 누워버렸다. 온 집이 떠나가라 듣기 싫은 소리로 악을 쓰면서. 시작되었다. 또, 시작된 것이다. 속이 부글부글 끓어오른다. 손이 부들부들 떨린다. 머리가 찡하니 아파지면서, 이내 터져버릴 것 같은 기분이 든다. 눈앞이 흐려지기 시작한다. 도저히 이대로는 참을 수가 없다. 당장에라도 터트려버려야 한다, 더 이상은 나도 못 참아!

당신은 터트렸는가, 터트리지 않았는가.

어느 조사에 의하면 부모 중 80% 이상이 아이 키우기 힘들다고 했고, 그중 47.5%가 훈육 때문이라고. 솟구치는 분노를 잠재우고 내 안의 감정을 즉각적으로 조절하는 것, 그러면서도 가장 적합하고 효율적인 방법으로 아이를 대하는 것이 훈육의 기본이다. 결국, 적어도 훈육의 반은 부모의 분노조절, 감정 조절이다. 아이와 실랑이를 하다 자꾸만 분노가 차오른다면 우선 내가 화가 나기 시작한다는 걸 인식하자. 그리고 아이가 어떤 말을 하건 모두 받아들이지 말고 몇 초간 참아보자. 분노는 또 다른 분노를 만들 뿐,

극심한 분노도 시간이 더해지면 점차 누그러지게 마련이다. 아이는 나와 같지 않다. 아이가 소리 지르고 떼쓴다고 해서 부모까지 소리 지르며 화낼 필요는 없다. 이 지루한 싸움에서 나와 아이는 동등한 경쟁자가 아니라는 걸 언제나 생각하자. 도저히 참을 수 없을 땐 잠시 그 자리를 피해 엄마 혼자만의 공간으로 가 입 밖으로 말해본다.

"침착해. 나는 이 상황에 충분히 대처할 수 있어.",

"분노에 휩쓸리면 안 돼. 지금 해야 할 일에 집중하자."

"소리 지르며 화를 내는 것은 상처로 기억될 뿐이야."

운전면허를 딴다고 모두가 베스트 드라이버는 아니다. 경험이 녹아들어야 한다. 내비게이션에 의존한 채로 이 골목 저 골목을 다녀보기도 하고, 100km/h로 고속도로를 달려보기도 해야 한다. 부모도 마찬가지다. 처음부터 완벽한 부모는 없다. 떼쓰는 아이에게 무작정 화도 내보고, 이유 없이 감정에 휩싸여 매를 들었다면 그만큼 죄책감도 느껴봐야 한다. 이런저런 경험이 쌓이면 자신의 감정을 좀 더 빠르게 조절할 수 있게 된다. 삶이란 원래 그런 것이듯,

육아도 원래 그런 것이다. '즐거움'과 '괴로움' 모호한 그 즈음.

"나는 감정 따위에 휘말리지 않는 의연한 사람이다."

"이 감정의 소용돌이에서도 나는 초연함을 잃지 않을 것이다."

가끔씩 감정에 휘둘릴 때 나는 이렇게 말한다. 거듭하면 거듭할수록 효과는 좋다. 물론 나도 불완전한 사람인지라, 가끔은 이렇게 한다.

"나는 감정 따위에 휘말리지 않는
의연하ㅣㄴ이ㅏㅓㄹ니아아러ㅣ 나!!!!!!"

나도 울고싶다

04.훈육이 뭔데?

더군다나 '생각의 의자'에 가서 앉으라고 말할 때, 우리 부모들은 너무 무섭다. 잘 적용하려면 감정은 빼고 약간 사무적으로 단호하게만 하면 된다. 타임아웃은 안정된 너의 공간에서 너 스스로를 진정시켜 보라는 것이다. 겁을 주거나 협박할 필요가 없다. 외국의 아이들은 타임아웃으로 가게 되는 장소를 '자신을 안정시킬 수 있는 공간'이라고 여기지만, 우리나라 아이들은 '벌을 받는 독방'이라고 느낀다. 우리의 문화와 정서를 고려해볼 때, 나는 타임아웃이 필요한 순간이라면 부모가 아이와 마주 앉아 가만히 지켜보면서 진정할 시간을 주는 것이 훨씬 더 적당한 방법이라고 생각한다. 훈육은 아이 성질이 나빠서 혼내고, 아이 잘못을 벌주려고 하는 것이 아니다. 아이가 이 사회를 살아가는데 꼭 알아야 하는 옳고 그름을 가르치고, 조절 능력을 기르기 위해서 필요한 것이다. 훈육은 부모의 권리가 아니라 의무이며, 아이에 대한 더 큰 사랑의 표현이다.

- 2016.06.08 동아일보

오은영 박사의 글 중에서 -

훈육은 뭘까? 검색해보자. 쉽게 말해 옳고 그름을 가르치는 것. 보통의 부모들은 일부러 책을 읽거나 관련 프로그램을 보며 정확한 방법을 숙지하지 않는 이상, 어떨 때 어떤 방법으로 얼마큼의 시간을 들여야 효율적인 훈육이 되는지를 잘 모른다. 아니, 책을 읽고 프로그램을 봤다고 해도 잘못된 방법으로 훈육하는 부모들도 많다. 보통 훈육은 36개월 이전의 아이에겐 그다지 효과가 없다고 한다. 36개월 이전의 아이에게는 훈육이라는 약간은 경직된 방법보다 그저 온 마음을 담은 사랑으로 대하는 것이 우선이기 때문이다. 36개월 이전의 아이에겐 이건 이렇게 하는 것이 맞고 잘못된 행동은 더는 하지 않아야 한다는 사실을 가르쳐 주는 것에 초점을 맞추면 된다.

'아이가 달라졌어요.'라는 프로그램을 보며 훈육의 방법에 대해 배운 적이 있다. 몇 개월에 걸쳐 다양한 사례를 간접 체험하면서 어떻게 해야 효율적인 훈육이 될 것인지에 대해 깊이 생각해 봤다. 간단히 적어보자면, 단호하지만 무게 있는 목소리로 아이의 눈을 보며, 안 되는 것에 대해 정확히 가르쳐 준다. 아이가 부모의 말에 전혀 반응하지 않고 자기 마음대로 행동할 때 약간의 신체적 제약을 하며 아이가 엄마의 이야기를 들을 준비가 될 때까지 기다려 준다. 마음의 준비가 되었다고 생각될 때 다시 눈을 보고 잘못된 점을 제대로 알려주며 고쳐야 할 부분을 정확히 가르쳐 준다. 훈육이 끝났을 때는 사랑하는 마음을 담아 안아준다.

아마 아이를 키우는 많은 부모들은 '다 아는 거잖아?!'라 할지도 모르겠다. 하지만 가끔 가장 중요한 것을 간과하는 부모들이 있다.

'기다림'

오은영 박사는 날뛰는 아이를 2시간이 넘게 기다린 적이 있다. 아니 그 정도의 시간은 늘 있는 일인 것 같았다. 그 시간 동안 훈육을 시도하는 오은영 박사에게 침을 뱉는 아이도 있었고, 오줌을 싸는 아이, 온 힘을 다해 몇 시간이고 진이 다 빠질 때까지 우는 아이도 있었다. 훈육하는 사람의 마음이 단단하지 않은 이상 견디기 힘들 만큼의 긴 시간, 박사는 기다리고 기다렸다. 아이의 마음이 열릴 때까지 말이다. 아이가 자신을 놓고 무엇이든 받아들일 마음의 준비를 완전히 했을 때 훈육은 빛을 발하게 된다. 그래서 시간을 견디는 것은 굉장히 중요하다. 그런데 그 시간을 견디지 못하는 부모들이 많다. 훈육하는 박사를 말리는 부모들도 꽤 있었다. 자신의 아이가 괴로워하는 모습을 보는 것이 힘들었기 때문. 하지만 그것은 아이에게 전혀 도움이 되지 않는다. 힘든 고비를 넘기지 못하면 결국 제자리걸음이 될 뿐이다. 2시간이든 10분이든 훈육은 꽤 힘든 시간임은 분명하다. 왜냐하면, 부모는 훈육 내내 자신의 감정을 계속해서 통제해야 하기 때문이다. 아이가 말을 듣지 않고 자기 마음대로 하거나 되려 부모를 놀리려 들려 하면 속이 끓어 한 번쯤은 왈칵 터트려 버리고 싶다. 하지만 감정을 터트리고 나면 정작 중요한 것이 빠진 채 감정 폭발만 하다 끝나는 경우가 더 많다. 결국, 제대로 된 훈육은 시도조차 하지 못한 채 서로에게 상처만 주는 시간이 돼버린단 말이다.

기다림의 시간 외에 또 중요한 것은 훈육의 '빈도'이다.

잘못된 행동을 반드시 바로잡아 올바르게 키우고 싶다는 생각이 앞선 나머지, 부모의 기준에서 벗어나는 행동을 할 때 '마다' 훈육을 하려는 부모들이 있다. 이것 또한 역효과다. 아이는 부모의 눈치만 보게 될 테고 주눅이 든 아이로 크게 될 것이다.

마지막으로 중요한 것은 아이의 반성이 '진심'인지 아는 것이다. 솔직히 나는 어렸을 때 영악한 둘째였다. 오빠와 싸우고 나서 엄마에게 혼이 날 때 무조건 "잘못했어요."라고 말했다. 내가 잘못했다고 생각하지 않았어도 그렇게 말했다. 그렇게 하면 엄마는 벌을 주지 않았기 때문이다. 벌을 받지 않으려 거짓말을 하는 영악한 아이가 되었다. 왜 싸웠는지 누가 어떤 부분을 잘못한 것인지 스스로 생각해보게 하고 이야기를 듣고 엄마의 생각을 전했더라면 더 좋았을 테지만, 피곤함에 지친 엄마에게 그것은 쉽지 않은 일이었을 것이다. 엄마에게 혼이 나는 그 '시간'만을 넘기면 되는 영악한 아이로 키우고 싶지 않다면, 제대로 된 올바른 방법으로 훈육하기를 권한다. 아이의 훈육에는 요령이 필요하다. 요령을 알고 아이를 대할 때 여유와 자신감이 생긴다. 이는 곧 아이를 올바른 방향으로 이끌게 되는 것이다. 감정 찌꺼기가 사방에 날아다니는 전쟁 같은 시간을 겪을 필요도 없이 말이다. 아이의 눈을 보고 진심을 담아 잘못된 행동을 이야기하고 바른 행동에 대해 알려주는 것이 훈육의 기본인데 그 기본이 쉽지가 않다. 기본이 뭔지 잘 알고 있는 부모도 잘못된 훈육이 무엇인지는 잘 모르는 경우가 많다.

잘못된 훈육 이 어떤 것인지 다음을 통해 확인해보자.

1. 사납게 다그치기

"신발 정리 좀 하고 들어오라니까! 몇 번을 말해야 알아듣니!"

2. 바보 취급 한다.

"방 꼴이 이게 뭐니? 돼지우리도 이것보다 깨끗하겠다!"

3. 협박 한다.

"열 까지 셀 동안 옷 갈아입지 않으면 두고 갈 거니까 알아서 해."

4. 일방적으로 명령 한다.

"지금 당장 끄라고! 안 들려? 빨리해!"

5. 설교가 늘어진다.

블라 블라 블라~~~~

6. 지나치게 위험을 경고 한다.

"조심 해. 차에 치이겠다."

7. 부모의 희생을 강조 한다.

"이 흰머리 좀 봐. 너 때문에 고생해서 이렇게 된 거야."

8. 다른 아이와 비교 한다.

"OO좀 봐. 걘 상장을 맨날 받아오더라."

9. 비아냥거린다.

"야, 너 마리 한번 잘 돌아간다. 공부하는데 좀 쓰지 그러니?"

10. 부정적인 예언을 한다.

"누가 널 좋아하겠니? 두고 봐. 친구도 안 생길 테니까."

[내 아이 열 살부터 다시 시작하는 엄마노릇/도이 다카노리] 중에서

잘 생각해보자. 지금 나는 내 아이에게 이런 말을 하는 부모는 아닌지.

사실 나도 엄마에게서 이런 말을 들었다. 정말 듣기 싫었지만, 감정 폭발을 하는 엄마를 막는 방법은 그저 들으면서 이 시간이 지나가기를 바라는 것이었다. 이제 와서 생각해보면 엄마가 왜 그랬는지 이해는 하지만. 그래서 나는 내 아이에게 이런 말들을 하지 않는다. 이건 그저 순간 차오르는 감정 풀이일 뿐이고, 아이에겐 독이라는 것을 잘 알기 때문이다.

혹시 아이에게 독을 주고 자는 아이의 얼굴을 쓰다듬으며 혼자 괴로워하고 있지는 않은가? 그것은 결코 좋은 방법이 아니다. 혹시라도 아이 앞에서 감정 폭발을 했다면 마음을 추스른 후에 아이에게 사과하자.

"엄마가 소리 지른 거 미안해. 갑자기 너무 화가 나서

그랬어."

　사람인지라 너무 화가 날 때 나도 아이에게 소리를 지른 적이 있다. 엄마가 소리 지르며 마귀 같은 표정을 지으면 아이는 놀라고, 그 모습에 상처를 받기도 한다. 감정이 누그러지고 나면 진심으로 미안하다고 말하긴 하지만, 상처가 완전히 치유되는 건 아닐 터. 이런 경험을 몇 번 되풀이하다 보니 '소리 지르고 나서 미안하다고 하지 말고, 소리를 지르지 말자!'고 생각하게 되면서 감정을 조절하게 되었다.

　처음부터 훈육을 완벽하게 잘하는 부모는 없다. 끊임없이 관련 책을 읽고 육아 프로그램을 보면서 자신만의 기준을 세우고 그 기준을 맞추려 노력하면 된다. 그러다 보면 아이는 올바른 방향으로 제대로 된 길을 가게 될 것이다.

　마지막으로 훈육에서 중요한 것, 아이를 야단친 다음에는 반드시 신뢰를 주어야 한다는 것이다. 잘못된 행동으로 혼이 나긴 했지만 너를 여전히 사랑하며 네가 좋은 아이라는 것을 알고 있다고 말해주어야 한다. 그리고 따뜻하게 안아주자. 아이에게 상처뿐인 시간이 아니라 좀 더 단단한 아이로 자라나게 하는 밑거름이 되는 시간이 될 것이다.

05.외동
아이
키우세요?

나 는   외 동 아 이 를   키 운 다 .

여기저기서 자식 생각 안 하는 이기적인 엄마니 뭐니 쓴소리를 할 테지만, 절대로 둘째를 낳을 생각이 없다. 아니 체력적 한계와 경제적 여건 그리고 딸을 키우는 부모의 불안한 마음이 합해져 둘째를 낳을 수가 없다.

그런데 주변인들의 비난을 품은 걱정이 정말이지 상상을 초월한다. 엄마들이 많이 찾는 인터넷 카페에 외동 엄마들의 게시판이 있는데 거기 보면 주변에서 다들 아주 난리다. 왜 그럴까? 정말 둘째가 필요해서? 아니면 나도 둘째 힘들게 키웠으니 너도 힘들여봐야 한다고? 단지 첫째 아이에게 친구를 만들어 주기 위해서? 그건 오히려 첫째아이에게 짐을 주는 꼴이 될지도 모른다. 내가 둘째를 낳지 않아서 둘을 키우는 건 어떤지 자세히 알진 못하지만, 적어도 둘을 키우고 있는 엄마들의 얼굴을 보면 얼마나 힘든지 짐작은 간다(물론 둘이라서 다행이라고, 둘이라서 더 행복하다고 말하는 엄마들이 훨씬 많다). 하나도 키우기 힘든데 둘을 동시에 본다는 거, 그것도 누구의 도움 없이 오로지 혼자서 키운다는 건 절대 쉬운 일이 아니다.

내가 아이를 하나만 키워야겠다고 다짐 한 것은, 아이를 낳는 고통의 순간, 그때부터다. 너무 힘들게 아이를 낳다 보니 '아..., 이걸 어떻게 두 번, 세 번 겪지?' 싶었다. 그 와중에 독박육아를 하다 보니 '아..., 이 과정을 어떻게 또 겪지?' 싶었다. 난산에다가 예민한 아이로 인해 잠을 심하게 못 잤고 산후풍으로 온몸이 너무 아팠기 때문에 도저히 둘을 키울 엄두가 나지 않았다. 게다가 아이에게 드는 비용은 무시할 수 없을 만큼 많이 들었다. 내 의도와 상관없이 모유가 나오지 않아 분유 수유를 했고 한 통에 몇만 원씩 하는 비싼 분유가 아닌 대부분의 엄마가 먹이는 대중적인 분유를 사 먹였는데도 그 비용이 만만치 않았다. 보통 3개 묶음씩 파는 분유를 아이는 한 달이 되기 전에 다 먹었다.

기저귓값도 생각보다 많이 든다. 나의 예민한 딸은 우리나라 대표 기저귀 그걸 쓰면 발진이 생겼다. 그래서 좋다는 기저귀를 이리저리 알아보고 사봤는데 가장 잘 맞는 기저귀가 있었다. 평균치보다 조금 더 비싼 제품. 결론적으로 한 달에 분윳값과 기저귓값만 쳐도 20만 원 넘게 들었다(2010년 기준). 그리고 예방접종. 보건소에서 맞춰주는 건 다 보건소에서 맞추고 그 외에 선택접종은 병원에서 빠짐없이 접종했는데 그 비용도 엄청나다. 요즘은 그나마 접종비용이 저렴하기도 해서 예전보다 접종비는 줄어든 것 같다. 선택접종이라는 것이 안 맞추면 찜찜하다. '혹시라도 접종 안 해서 아이가 아프게 되면 어쩌나..., 그때 가서 병원비 더 내지 말고 지금 접종시키자.' 예방접종비만 생후 6개월까지 매달 평균적으로 30만 원씩은 들었다. 아이 보험. 태아 때부터 들어놨는데 손해1, 생명1 총 2개의 보험비는 7만 원대. 매달 들어가는 돈이다. 그 외에 아무리 안 산다고 해도 옷이나 각종 육아용품들(필수적인 것들)은 사야 한다. 물려받거나, 선물 받을 곳이 없었던 나는 이것저것 티는 안 나는 돈이 소소하게 많이 들었다.

아이가 어린이집에 가도 여전히 돈은 많이 든다. 나라에서 지원해준다 해도 따로 어린이집에 드는 돈은 1학기에 약

60만 원 정도(2012년 기준). 교재비와 준비물비, 야외 학습비, 우유비, 차량운행비 등등 다 포함해서 말이다. 유치원은 한 달에 고정적으로 내는 돈이 이보다 더 많다. 평균적으로 월 15~23만 원 정도 매달 내고 거기에 방과 후 특별활동비나 체험 학습비 등등이 더 든다(2015년 사립유치원 기준, 공립유치원 그건 어디 있는 건가요? 들어갈 수나 있나요?). 통상적으로 아이가 클수록 교육비는 훨씬 더 늘어나게 된다. 그러니, 경제적인 문제가 크다. 아이를 하나 더 키우는 것은.

앞서도 얘기했지만 우리나라는 딸을 키우기 너무 무서운 곳이다(딸 아들 할 것 없이 갈수록 사건사고가 많이 생겨서 마음이 아프다). 지금껏 아이를 키워오면서 주변에 성범죄자가 산다는 알림장이 날아온 적이 2번 있는데 그 알림장을 보는 것 자체가 굉장히 불쾌하고 짜증 났다. 왜냐하면, 집행유예로 풀려났기 때문이다. 아이를 성추행하고 성범죄를 저질러도 결국은 그 범죄자가 늘 살던 동네에 그대로 산다는 이야기다. [오늘도 비출산을 다짐합니다-송가연 지음]이란 책에서, 13세 미만 대상 성폭행범 평균 형량 5년 2개월, 성폭행 불기소 처분 비율 49.4퍼센트, 13세 미만 성범죄 1심 집행유예비율 77.5%, 성폭력 재범 비율 45%라고 하니 글로만 봐도 불쾌감이 솟구치지 않는가. 너무나 관대한 우리나라 법 때문에 나는 이제 그냥 동네 아저씨가 우리 딸을 오래도록 아니 그냥 슬쩍 쳐다만 봐도 덜컥 겁이 난다. 그런데 이 상태에서 딸이 또 태어난다면? 나는 두 딸을 온전히 돌볼 할 수 있을까? 아무리 생각해도 내 그릇이 작아 한 명을 제대로 키우기는 것도 벅차다. 그러니 둘을 낳겠다는 것 자체가 나에겐 욕심이다.

아이가 좋아서 난 꼭 둘 셋을 낳을 것이라는 엄마 말고, 하나만 키우고 싶은데 혹시 나중에 아이가 하나라 외로울까 봐 걱정되어 둘째를 낳을지, 하나만 키울지를 고민있는 엄마에게 내가 하고 싶은 말이 있다면,

1. 내가 엄마로서 이 아이의 올바른 인성과 바른 성장에 책임질 수 있는가(이건 매우 많은 의미를 내포한다. 각종 육아서를 읽고 아이의 성장에 맞는 음식을 해먹이고, 아이에게 화내지 않고 타이르고 수다쟁이처럼 매일 말을 많이 하고 책도 매일 읽어주고 자주 야외로 놀러가 자극도 해주고 등등 그냥 아이를 낳고 눈으로 보기만 한다고 해서 아이가 성장발달이 잘 되는 건 아니니까).

2. 둘 셋 그 이상을 키우면서도 돈 때문에 매일 괴로워하지 않을 만큼의 경제적 여건이 받쳐주는가.

3. 엄마의 체력이 아이 둘 이상 감당가능한가(둘째 낳고

일주일에 한 번 씩 링거 투혼 하는 엄마들 제법 있다).를 잘 생각해보고 결정하길 바란다.

그렇다고 해서 필자 스스로 아이의 올바른 인성과 바른 성장을 책임지기 위해 완벽히 생활하는가? 아니요. 하지만 그러려고 많은 노력을 한다. 말처럼 쉽지 않은 것이 육아니까.

이런 말도 있다. 첫째만 낳으면 둘째를 낳지 않은 것에 후회 하지만 둘째를 낳으면 '아, 낳지 말껄.' 하고 후회하지 않는다고. 그건 당연한 얘기 아닌가? 어떻게 엄마가 되어서 '내가 얘를 낳은걸 후회한다!' 라고 대놓고 말하고 다닐 수 있겠는가. 그런 마음이 들더라도 차마 입 밖으로 내지 못할 뿐이다.

일본 애니메이션 이웃집 토토로를 본 적이 있는가? 우리 아이가 아주 좋아하는 영화다. 물론 내가 예전부터 무척 좋아했던 만화라 보여줬지만. 어쨌든 결혼 전에 볼 때는 그저 귀여운 꼬마들과 숲의 정령 귀요미 토토로에 관한 영화였는데 결혼하고 아이와 보다 보니 영화 속 엄마를 다른 시각으로 보게 됐다.

'왜 저 엄마는 아이가 둘이나 있는데 병원에 입원해 있을까.

어디가 아파서 저렇게 입원 중에 감기만 걸려도 외출조차 금지된 걸까? 딸아이 둘을 아빠에게만 맡겨두고 병원에 있는 자신이 얼마나 괴로울까.'

아파지고 싶어서 저렇게 있겠느냐마는, 아이들을 온전히 돌보지 못하는 상황이 된 자신이 너무 싫을 것이다. 엄마의 체력이란, 엄마 혼자 이것저것 집안일은 물론 아이를 깔끔하게 챙기고, 삼시 세끼 영양 식단으로 식탁을 차려내는 것을 매일매일 끊임없이, 아이가 클 몇 년 아니면 몇십 년 동안 건강해야 한다는 얘기다. 그런 점에서 나는 나를 잘 알기에 평생 외동아이, 한 명만 키울 것이다.

친정엄마는 마흔이 넘은 나에게 아직도 이런 말을 한다.

"아이 하나만 있으면 불안하잖아. 외롭기도 할 것이고."

"아니, 엄마. 하나는 불안하다는 말이 난 이해가 안 가는데. 하나든 둘이든 불안한 건 마찬가지지. 그리고 외롭기야 하겠지. 근데 나도 오빠가 있지만, 오빠가 있다고 해서 외롭지 않진 않던데."

"그래도 아들을 낳아야 하는데. 김 서방이 장손이잖아."

"어쩔 수 없어. 나는 둘을 키울 능력이 없다니까."

아이가 둘 이상이면 엄마들은 아이가 크면 알아서 논다고 좋아하지만 정작 둘이 놀게 내버려두고 자신은 빠져버려서 엄마와의 정서적 공감이 떨어질 수도 있다. 물론, 나중에 늙어서 엄마 아빠 모두 돌아가신다거나, 혹은 부부가 동시에 사고가 나버려서 아이가 혼자 남게 되는 경우, 그때가 걱정되긴 한다. 그때가 걱정 되어서 내가 아이를 하나 더 낳기에는 너무나 많은 부담이 있다. 위에 열거해놓은 것들 말이다.

결론적으로, 아이를 둘을 키우든 셋을 키우든 하나를 키우든 그 모든 것은 엄마 아빠의 결정이고 그 결정을 내렸다면 책임을 지고 잘 키워내야 한다는 것이다.

'아저씨'란 영화의 끝에 문방구 할아버지가 이런 말을 한다.

"싸지른다고 해서 다 부모가 되는 건 아니야."

부모라는 이름이 붙은 이상 그 책임을 다 해야 한다. 아이가 잘 성장하여 독립할 수 있을 때까지 말이다.

06.예민한 아이 키우세요?

참 이상하다. 남들은 매일 자신의 아이를 온몸으로 사랑하면서도 그 사랑 다 주지 못해 미안하다며 눈물 훔치기 바쁜데 나는 왜 이렇게도 힘이 들까. 차마 힘들다는 말 한마디 쉽사리 입 밖으로 내뱉을 수도 없다. 그랬다간 다들 모성애가 없는 엄마라고 나를 물고 뜯을 것 같기 때문이었다.

아이를 출산한지 얼마 되지 않은 8월의 어느 날. 가만히 있어도 이마에 땀이 송골송골 맺힌다. 작은 방 한편에는 별 모양의 취침 등이 캄캄한 방안을 아주 조금 밝히고 있었고 오래된 벽걸이 에어컨은 나도 더워 죽겠다는 듯 윙윙거리며 힘겹게 돌아가고 있었다. 에어컨 소리를 제외하면 적막하기

그지없는, 그야말로 작은 상자 속에 홀로 서 있는 것 같았다.

며칠 전, 내 아이랍시고 세상에 나온 이 작은 아이는 10분 넘게 자지러지게 울고 있다. 아니 20분 째 인가 30분 째 인가 그건 나도 잘 모르겠지만 중요한건 나는 지금 이 소리가 너무너무 듣기 싫다는 것. 아이를 안고 있는 내 팔의 힘을 빼버리면 될까? 잠깐 생각해 보았다. 아니 솔직히 진심으로 깊이 생각했다. 그런데... 그런들 울음이 그칠까?

남편은 지금 집에 없다. 아이의 울음소리 때문에 피신을 간 건지 아니면 자기 말마따나 출장을 간 건지는 나도 잘 모르겠다. 친정은 차로 2시간 거리라 한걸음에 달려와 주실 수 없고 시부모님은 일을 하신다. 아니지, 옆집에 사신다 해도 내 마음 편히 맡길 수가 있을까? 오히려 아이 우는 소리에 깨셔서 '아직도 안 재우고 넌 대체 뭐하니?' 집으로 달려오실까 걱정이다.

결국 나는 밤도 새벽도 아닌 이 시간에, 익숙하지 않은 자세와 피곤에 전 얼굴로 몇십 분째 아이를 안고서 이 작은 방 안을 끊임없이 서성이고 있다. 끝에서 끝까지 몇 발자국 되지도 않는 이 좁은 방 안에서. 내가 팔에 힘을 빼지 않아도 팔은 곧 빠져 버릴 것 같이 고통스럽지만 이제는 한 가지 생각뿐이다.

'제발...제발, 잠 좀 자자.'

내 아이는 왜 이렇게도 예민할까. 많은 엄마들이 보던 ,수면교육에 관한 책에 나와 있던 4가지 유형의 아이 중에서, 설마 내 아이는 아니겠지 하던 바로 그 유형! 예민한 아이, 그 아이가 내 아이.

글쎄, 난 그렇게 생각한다. 태교의 영향이 아닐까 하는. 물론 엄마의 성향도 어느 정도 반영되겠지만, 일단 태교의 영향으로 내 아이가 예민하다고 생각한다. 태교를 할 시기에 나는 굉장히 많은 변화들로 우울했었고 그 감정이 아이에게 그대로 전달되었을 테니 아이가 불안하고 예민해 지지 않았을까. 일단 등센서 라고들 하는, 눕히기만 하면 깨는 그건 기본이고 등센서 + 각도센서 + 고도(?)센서였던 내 아이. 내 허리가 살짝 휘어 기대기 딱 좋을만한 자세로 안아줘야 했고, 반드시 자리에서 서서 안고 있어야만 잤던 아이. 자는가 싶어 살짝 의자에 앉으면 귀신같이 깨던. (아, 힘들었어) 그런 센서들이 참 오래도 갔다.

잠귀도 밝아 부스럭 소리가 조금만 나도 반드시 깼다. 겨우 재워놓고 살짝 나와 TV를 보면서도 아이가 깰까봐 조마조마, 불안불안. 가끔 밤에 안 깨고 3시간정도 자고 있으면 오늘 왜 이렇게 잘 자지? 싶기도 했던. 꿈도 어찌나 잘 꾸는지

"싫어~여기 있을 거야~!!!" 또박또박 잠꼬대도 했다. 예민한 아이들은 하루 있었던 일들이 머릿속에 잘 각인돼서 밤에 종종 꿈으로 나타난다는 글을 읽은 적이 있다.

　예민한 아이여서 그런 건지는 잘 모르겠지만 다른 사람이 한마디를 하면 곧 잘 기분이 상하기도 했다. 어느 날 아침, 다른 아이 엄마가 "옷이 덥겠다."라고 한마디 했는데 그게 기분이 상했는지 갑자기 어린이집에 가지 않겠다고 고집을 부렸다. 예민한 아이일수록 아이의 마음 읽어주기가 꼭 필요한 것 같다. 근데 엄마도 사람인지라(마음을 막 읽어주다 보면 내가 지금 이 아이의 비위를 맞춰주려고 태어난 건가 싶은 생각도 든다)매번 잘 토라지는 아이의 마음을 읽어주기란 결코 쉬운 일이 아니다. 마음을 읽어주다가도 막 속이 부글부글, "네 마음대로 해!"라고 소리치고 싶어진다('네 마음대로 해.'라는 말도 하지 않는 것이 좋다. 아이의 자율권이 보장되는 것이 아닌, 그저 부모의 화풀이일 뿐이니). 한 10번은 부글부글한 걸 삭히다가 가끔 한번 확 터져서 화를 내고 나면 나는 또 죄책감, 그러다 보면 다음엔 그러지 말자 자기반성.

　얼마 전에 아이가 그림을 그렸는데 "엄마가 화가 난

거야."라며 내 얼굴을 그린 그림을 보여줬다. 얼마나 마음이 아프던지. 엄마 입장에선 '한 번 정도' 화를 낸 거지만 그것이 아이 가슴에 콕콕 박힌다는 사실을 늘 생각하자.

최근에 읽은 책*에서 이런 글을 읽었다. 특별히 아픈 곳에 없는 아기가 땅에만 내려놓으면 이유없이 자꾸 울고 잠을 자지 못하면 고춧가루와 소금, 막걸리를 한 상에 차려 삼신할매한테 정성스레 제를 올리라고. 진작 알았더라면 일단 시도라도 했을텐데 싶어 아쉬운 마음, 또르르.

*쌍갑포차라는 만화책입니다.

07.느리게 키워도 됩니다.

아이를 키우면, 개월 수에 맞는 성장발달 사항들을 알게 된다. 내 아이가 어떤 부분에서는 다른 아이들보다 빠르고 또 어떤 부분에서는 다른 아이들보다 느리다는 것도 자연스레 알게 되는데, 그것을 기준으로 엄마들은 빠르면 뿌듯해하고 느리면 조급해한다.

 내가 조금 조급해한 부분은 아이의 이가 올라오는 시기였다. 아이의 이가 늦게 올라올수록 더 좋다는 말이 있는데 이는, 아이 입 속은 어른처럼 꼼꼼히 양치하기 힘들다 보니 관리가 조금 소홀해 질 수 밖에 없어, 이가 빨리 올라온 만큼 충치도 빨리 생길 수 있기 때문이라고. 우리 아이의 이가 처음으로 올라온 시기는 돌이 다 되었을 때였다. 그때까지 얼마나 조급해지던지. 빠른 아이는 백일 때 아랫니가 올라오기도 하고 보통 6개월~9개월쯤엔 대부분 첫니가 올라오기 때문에 돌이 다 되도록 이가 보이지 않는 것에 얼마나 마음 졸였는지 모른다. 다행히도 돌 쯤 처음으로 아랫니가 올라와서 '휴, 다행이다.' 가슴을 쓸어내렸다.

내 아이가 느렸던 또다른 부분은 말을 하는 시기였다. 돌 때 엄마 아빠 맘마 뭐 이런 단어들을 뱉었다면 두 돌 다 되가는 약 22개월쯤엔 아이들의 말이 폭발하는 시기다. 근데 우리 아이는 폭발하지 않았다. 왜 그럴까, 내 탓일까? 아마도 중이염 때문이었던 것 같다. 중이염을 앓으면 아이에게는 웅웅- 울리는 듯한 소리로 들려 엄마의 말소리를 제대로 들을 수 없고 그래서 아이의 언어발달에 영향을 줄 수 있다고 한다. 우리 아이는 그 시기에 꽤 오랫동안 중이염을 앓았었다. 결국 어느 정도 중이염에 낫고 난 후, 아이가 약 28개월쯤 되었을 때 언어가 폭발했다. 폭발이라 함은 3단어 이상의 말을 하고 상황에 맞는 말을 한다는 것이다. 그런 말은 조금씩 늘어나면서 약 32~36개월 때 또 한번 확, 말이 늘었다. 어찌나 말을 잘하는지. 만 36개월 때는 "엄마 걱정 하지마. 내가 많이 먹어서 얼른 클거야.", "엄마 조금만 참아~ 조금만 기다려. 그러면~ 다 될 거야.", "오늘

이이~집(어린이집)에서 선생님이~ 머리 예쁘게 묶어줬어~ 봐~ 이쁘지?" 등등 어린이집에서 있었던 일들도 집에 와서 곧 잘 말해줄 정도로 나와 어려움 없이 대화했다. 그러니 말이 조금 늦다고 해서 크게 염려할 필요는 없다. 대신 엄마가 아이와 늘 재미있게 대화하는 것이 중요하다.

　내 아이가 늦었던 발달사항이 있다면 또 빠른 발달사항도 있다. 걷기다. 9개월에 걸었다. 걸었다는 건 어른처럼 뚜벅뚜벅 걸었다는 게 아니라, 혼자 아무것도 잡지 않고 서서 3발자국을 걸었다는 것. 그때가 9개월쯤. 그 이후부턴 걷고 넘어지고 걷고 넘어지고를 반복하다 약 18개월쯤 조금씩 뛰기 시작. 두 돌이 되기도 전에 "엄마 나 잡아봐~라 하하하하하"를 하고 다녔다. 나는 보행기와 쏘서, 점퍼루 뭐 이런 거 없이 그냥 온 집안에 안전가드를 설치해 놓고 살았다. 처음엔 그걸 잡고 서 있기만 하더니 점점 그걸 잡고 옆으로 옆으로 이동, 어느 순간엔 아예 잡질 않고 가드 안을 휘젓고 다녔다. 아무래도 잡을게 있다 보니 잘 선게 아닐까 싶다. 육아서에 보면 아이 장기 발달에는 오히려 일찍 걷지 않는 게 좋다고 한다. 앉고 기어 다니면서 장기가 자리 잡는 기간이 길어지면 신체 발달에는 더 좋다고.
　내 친구의 부부 중에 우리 아이와 며칠 차이 안 나게

태어난 아들이 있는데 다들 걸어야 할 시기에 걷지 않아서 엄마 아빠가 굉장히 신경을 썼었다. 그런데 나는 그게 더 좋은 것일 수도 있으니 18개월까지는 신경을 너무 쓰지 말라고 했다(18개월이 넘어서서도 걷지 않는다면 병원을 찾아가보는 것이 좋다). 다행히 아이는 18개월 전에 걸었다. 아마도 그 아이는, 걷지 않고 앉아 있던 그 시간만큼 주변 사물을 찬찬히 관찰하며 호기심을 키워 왔을 것이다. 앉고 기는 시간이 많을수록 사물에 대해서 더 깊게 보는 시각을 키울 수 있으니 말이다.

아무튼, 내 아이가 너무 빠르다고 또 너무 늦다고 그걸로 스트레스를 받지는 말자. 그리고 아이에게도 스트레스 주지 말자. 물론 어느 한 부분이 심하게 발달이 지체된다고 판단되면 그 때는 전문가에게 가 보는 것이 좋다.

내 아이가 얼마나 발달되고 있는지 잘 모른다면, 영유아 건강검진을 제때 꼭 받으라는 것. 각종 육아서에 보면 개월 수에 맞는 성장발달, 개월 수에 맞는 이유식등등 뭔가 개월 수에 맞게 우리아이도 해야 할 것 같지만, 뭐든 그렇게 딱 그 개월에 맞게 하지 않아도 된다. 육아서를 기준으로 우리 아이가 조금 늦고 또는 조금 빠르구나하는 정도만 파악하고 있는 것이 중요하다.

08. 아이의 재능 발견

'의지'보다 더 큰 에너지는 없다. 스스로 잘
하고 싶어 하고 스스로 이기도 싶어 하는 사람
에게 채찍 따위는 필요 없다. 부모는 아이가
스스로 잘하고자 하는 마음이 들도록 환경을
만들어주고 자극을 주어야 한다. 물론 그 전에
무엇이 아이에게 의욕을 불어넣을 수 있는지
아이의 기질을 파악하는 것은 필수다.

– [아이의 재능에 꿈의 날개를 달아라 박미희 저] 중에서 –

세계적인 선수, 김연아 선수는 어떻게 자랐을지, 아니 엄마가 어떻게 아이를 키웠을지 궁금해서 읽어 본 책이다. 책 내용은 김연아 선수를 피겨선수로 키우게 된 계기부터 간단한 에피소드와 함께 엄마의 생각들이 적혀 있다. 아무래도 우리나라 여건상 피겨라는 건 일단 '돈이 많이 들 것 같다.'는 느낌이 있어서 김연아 선수의 아버지는 어떤 일을 하는지 궁금했는데 사업을 한다고 한다. 그래서 엄마는 김연아 선수의 재능을 보고 선수로 키우고 싶다는 코치의 진지한 눈빛에 뒷바라지를 결정할 수 있었다고. 물론 피겨를 본격적으로 시작하면서는 미술이나 다른 학원들은 그만두었다고 했다.

　　김연아 선수는 천성적으로 끈기와 오기가 있고 굉장한 노력파인 것 같다. 자신을 채찍질해가며 남들보다 더 많은 연습량으로 다른 선수들과는 비교도 안 되는 점프와 정확성을 완성했다. 물론 이렇게 세계적인 선수가 되기까지 김연아 선수 뒤엔 언제나 엄마가 있었다. 유난스럽다는 소리를 들으면서도 아이를 위해 아이보다 더 많은 피겨공부를 했고, 김연아 선수가 연습을 할 때 보통의 다른 엄마들과는 달리 아이를 관찰하면서 어떻게 하면 좀 더 좋은 자세가 나올지, 어떻게 하면 실수를 줄일 수 있는지 알려주었다고 한다. 집안살림은 당연히 소홀하게 될 수밖에 없었지만, 결과적으로 아이를 위해 사는 삶이 성공을 이끌었던 것 같다.

나라면 어떨까? 우리 아이가 다른 아이보다 뛰어난 재능이 있다고 했을 때 아이를 위해 완벽히 헌신할 수 있을까? 아무래도 나는 그렇게 할 수 없을 것 같다. 물론 아이가 원하는 뭔가가 있다면 반대하진 않겠지만, 내 삶을 온전히 아이에게 맞출 수는 없을 것 같다. 하지만 내 아이가 어떤 분야에서 뛰어난 재능을 보이고, 재밌어 하고, 계속하고 싶어 한다면 든든한 지원을 해주고 싶다.

나는 운동을 잘했다. 초등학교 4학년쯤부터는 두각을 보일 정도로 잘 하기 시작했는데 그 후 학창시절 내내 릴레이 선수를 하지 않은 적이 없다. 체력장을 하게 되면 항상 '1급' 아니면 '특급'이었고, (초중고 12년 동안 체육은 늘 '수'였다) 체육에 관련된 상장은 뭐든 받기 시작했다. 하지만 상장을 받고 신이 나서 엄마에게 자랑을 하면 "쓸데없이 운동할 생각하지 말고 공부나 해. 여자가 운동하면 힘들어. 굳이 잘해서 뭐 하냐." 라 말했다. 친정 엄마는 학창시절 때 교내 운동선수를 했었고 그래서 운동하는 딸을 키우고 싶지 않았었다고. 글쎄, 그래도 난 내 아이가 운동이든 뭐든 잘한 것이 있다면 굉장히 칭찬해줄 것 같은데.

지금도 가끔 엄마가 내 재능을 좀 더 인정해주고 도움을 주었으면 내 인생이 조금 더 나아지지 않았을까 생각을 하기도 하지만 어쨌든. 초등학교 1학년, 아이가 피아노 학원 대신 태권도 학원을 다니고 싶다 선택했을 때 두말없이 보내주었다. '태권도보단 피아노를 배우자.' 같은 말 따윈 하지 않았다. 그냥 내 아이가 좋아하는 것, 내 아이가 선택하는 것을 존중해 주려고 노력했다. 그런데 가끔 '피겨를 하고 싶어 하면 어쩌지?' 혼자 생각 할 때가 있다. 내가 사는 이곳에서는 피겨는 커녕 스케이트 화를 신고 타볼 곳도 없다(그래서 엄마들은 아이를 위해 기회가 많은 큰 도시로 가는가 보다). 하지만 무엇보다도 가장 중요한 것은 내 아이의 재능을 잘 발견하는 일이 아닐까? 그것은 어찌 보면 상당히 어려운 일일 수도 있다. 대부분의 아이들에게 있어 재능이라는 것은 특출 나게 삐죽 솟아있기 보다 '나 여기에 있어요-' 발표는 하고 싶지만 부끄러워서 손을 반쯤 든 아이를 찾는 것 마냥 잘 봐야 알 수 있는 것. 그러니 평소 내 아이를 잘 관찰 하는 것을 소홀히 하지 말자.

지금 내 아이는 그림을 잘 그린다, 말을 잘 한다, 달리기를 잘한다, 엄마를 놀래키는 걸 좋아한다, 킥보드를 잘 탄다, 아... 나는 아직 관찰이 부족한가보다. 아이가 잘 하는 것이 뭔지 앞 다투어 입에서 튀어나오지 못하는 걸 보니.

09. 아이의
식성분석

내 아이는 뻥튀기를 좋아한다, 오이와 당근을 좋아한다, 빵은 좋아하지만 빵 속에 크림은 먹지 않는다. 포도, 수박, 토마토, 사과를 좋아한다. 생각보다 먹는 것에 대해서 그리 심하게 편식을 하지 않는 편이라 다행스럽다.

이유식 할 때 책 한 권 사서 그대로 만들어줬는데 거기 보면 이유식이 아이의 평생 식성의 기본 바탕이니 여러 가지 재료들로 점차 다양하게 만들어주라 했다. 만들면서는 과연 내 아이가 잘 먹어줄까 걱정, 알러지를 일으키진 않을까 걱정, 소화는 잘 되겠지 걱정. 초기, 중기를 거쳐 후기, 완성기까지 이유식을 마무리 짓고, 일반식 밥과 심심하게 간이 된 반찬을 주면서 아이가 좋아하는 음식이 뭔지 조금씩 알게 된다.

이유식에 오이를 자주 넣어줘서 그런지 내 아이는 오이를 좋아한다. 그냥 생오이를 잘라주면 간식처럼 잘 먹는다. 시중에 파는 과자는 어린이집 가기 전까지 먹인 적이 없고 가끔 뻥튀기를 간식으로 줬는데, 아직까지도 뻥튀기를 보면 맛있다며 좋아한다. 어쨌든, 지금까지는 이유식이 아이의 식성에 영향을 준 건 맞는 것 같다.

인간은 본능적으로 채소를 꺼린다고 한다. 원시시대부터 채소를 직접 먹어 보고서야 이를 먹어도 되는 것인지 아닌지를 판단했기 때문에, 독성을 지닌 채소를 구별하려면 쉽게 말해 목숨을 걸어야 되는 일이었던 것. 그렇기에 아기들도 본능적으로 채소를 싫어한다고. 하지만 인간은 필수적으로 채소의 영양분이 필요하니 안 먹을 수는 없는 노릇, 결국 엄마들은 아주 조금씩, 잘게 다진 채소로 이유식을 만들어야 한다.

3살 이후로는 새로운 음식을 먹이는 것이 언어를 배우는 것만큼 힘들다고 한다. 그러니 이유식을 시작할 때부터 여러 가지 다양한 재료들로 만든 음식을 접할 수 있게 하자. 참! 과자를 줄 때 밥을 다 먹으면 과자를 준다는 말도 금지. 그러면 밥보다 과자를 더 중요하다 생각할 수 있기 때문.

또 과자를 숨겨 놓는 것도 좋지 않다. 아이는 엄마가 숨겨 놓을수록 더 먹고 싶어 하기 때문이다. 나는 과자류를 잘 사지 않지만 가끔씩 사게 되면 그냥 식탁위에 올려 둔다. 아이가 관심을 보이고 먹고 싶어 하면 몇 개를 먹을 건지 먼저 물어본다. 봉지과자를 줄 때는 간식 그릇에 적당히 담아주고 더 먹고 싶다고 하면 "조금만 더 먹자."며 담아준다. 그러면 고맙게도 더 더 더 많이 달라고 떼쓰지 않는다.

한 영상에서 4살 정도 된 아이에게 캔 커피를 주는 아빠를 본 적이 있다. 기겁할 일이지만 아빠는 아이를 너무 사랑하기 때문에 안 줄 수가 없었다고 했다. 아빠는 원래 커피를 좋아하는 사람인데 아이가 크면서 아빠가 먹는 것에 관심을 보이더니 같이 먹고 싶어 해 한 모금씩 주다 보니, 이제는 아이 혼자 한 캔을 먹고 하루에도 몇 번씩 커피를 마실 정도가 된 것. 결국 아빠는 아이에게 더 이상 커피를 줄 수 없다 말했고 달라고 울며 떼쓰는 아이를 보면서 눈물을 훔쳤다. 그 마음을 나는 조금 이해할 수 있을 것 같다. 아이가 해 달라는 건 다 해주고 싶은 것이 부모 마음 아니겠는가.

얼마 전, 엘리베이터를 탔는데 3살 가량 되어 보이는 아이가 콜라를 마시고 있었다. 두어 살 많은 오빠도 같이 마시고 있었는데 옆에 있던 엄마를 보니 걱정은 되지만 그냥 주고 말자라는 식이었던 것 같다. 남의 자식 먹는 것까지 내가 상관할 바는 아니지만 그냥 조금, 걱정이 되긴 했다. 요즘 아이들은 어릴 때부터 너무 많은 먹을거리에 노출되어 있고 인스턴트는 두말할 것도 없다. 어차피 크면 다 먹게 된다는 말이 틀린 말은 아니지만 굳이 일찍 먹여서 좋을 필요는 없지 않나.

내 아이가 돌이 막 지났을 때였다. 시이모님이 집에 오셔서는 내 아이를 데리고 편의점에 가 바나나과자와 젤리를 사서 먹이셨다. 나는 아이가 아직 어려서 먹이지 않는다고 누차 말씀드렸는데 "아기한테 새로운 맛을 느끼게 해주고 싶어."라며 기어이 아이 손에 과자를 쥐어 주시는데 아, 뭐랄까. 음... 더 쓰지 않고 여기에서 그만 입 꾹.

10. 비교하지 마세요. 당연한 말이지만.

너는 왜 밥을 이렇게 지저분하게 먹니? 민경이 언니 봐. 밥도 얼마나 깔끔히
먹니.

민경이는 상장도 꼭 공부 잘한 상 받아온다더라. 너도 달리기 이런 거 말고
우등상을 받아와.

현진언니는 7살 때부터 혼자 시외버스 타고 할머니 집 왔다 갔다 했다더라.
너도 혼자 버스 타고 다녀.

민경이가 연구직으로 들어갔단다. 너도 그런데 취직할 수 없니?

민경이는 27살에 결혼했잖아. 너도 그때는 해야지. 서른 넘겨서 뭐 하려고.

민경이가 서울로 발령받았다더라. 남들 다 서울 가서 사는데 너는 왜, 어휴.

우리 엄마는 주로 민경이 언니와 나를 시도 때도 없이 비교했다. 민경이 언니는 외삼촌의 장녀인데 나보다 2살이 많다. 어렸을 때부터 공부도 잘하고 밝고 착한 언니다. 나는 그런 언니의 인생을 쫓아가려 부단히도 노력했다. 우등상을 받으려 노력했고 언니와 비슷하게 연구직으로 취직 했으며 서른을 넘기기 전에 결혼도 했다. 다른 점이라면 내가 2년 늦게 결혼했고 외동아이를 키우고 있으며 지방에 산다는 것.

딸은 본능적으로 부모에게 칭찬받으려고 노력하기 때문에 어떨 땐 아들보다 키우기가 쉽다고들 한다. 그런 면에선 나도 마찬가지였다. 그렇게 듣기 싫었던 말이지만 절대로 엄마를 실망하게 해드리고 싶지 않았다. 가시 돋친 엄마의 말에도 그저 노력하는 딸로 사는 것이 엄마를 기쁘게 해드리는 거라 생각하면서 말이다. 하지만 나는, 절대 이런 양육태도로 아이를 대하지 않는다. 아이가 느낄 감정이 어떨 것이라는 걸 너무도 잘 알기 때문이다. 엄마의 의도야 어떻든 비교는 아이의 마음에 상처를 남기고 자존감을 갉아먹는다.

"민서야, 윤아 좀 봐라. 너보다도 네 동생이랑 더 잘 놀아준다." 며칠 전 아이를 데리고 민서네 집에 갔을 때 민서 아빠가 이렇게 이야기했다. 민서 아빠는 우리 아이보다 2살 더 많은 민서와 우리 아이를 비교하고 있었다. 물론 이런 식으로 말을 한 민서 아빠의 의도는 알겠다. 너도 이렇게 잘 놀아주라는 뜻 아니겠는가. 하지만 그 속뜻을 어린 아이가 이해하고 받아들일까?

부모들은 가끔 너무 쉽게 말을 뱉는다. 그 말이 아이에게 상처를 줄지도 모른다는 생각을 하면서 아니, 상처가 되도 '아이고, 난 모르겠다! 이제 다 컸는데 뭐.' 라 생각하는 건지도 모르겠다. 정말 내 아이가 바르게 자라길 바란다면, 제발 '비교'하지 말자. 비교하지 않고도 아이를 잘 키울 수 있는 방법은 얼마든지 많다.

11.
우는 아이에게
필요한 것.

아이가 잘 웃고 잘 자고 잘 먹고 건강하다면, 더 이상 바랄 것이 있나? 하지만 아이는 늘 웃고 있지 않다. 아니, 어쩌면 웃는 시간은 하루에 단 몇 분일지도 모르겠다. 경우에 따라서는 말이다.

아이가 우는 이유는 여러 가지가 있다. 시기별로 각각 이유도 제 각각이다. 신생아는 일단 울음이 의사소통이다. 배고플 때, 잠 올 때, 심심할 때, 배변활동을 해서 찝찝할 때, 엄마에게 안기고 싶을 때, 밖으로 나들이 가고 싶을 때, 잠이 안 올 때, 자고 싶은데 시끄러울 때 등등. 일단 울어야 엄마가 주의 깊게 자신을 보게 되고 그래야 자신이 원하는 것을 엄마가 해 줄 테니 말이다. 엄마가 단박에 아! 이거

해달라는 거구나! 하고 알아들으면 고마운 거고, 그렇지 못하고 초보엄마(처음부터 경력자인 엄마는 없다!)가 허둥지둥 원하지 않는 것부터 손대고 있다면 아이는 계속 더 울고 말 것이다. 아이가 말을 하기 전, 의사소통이 옹알이로도 가능하기 전인 시기엔 모든 걸 울음으로 표현하기 때문에 아이는 당연하게도 자주 운다. 바로바로 원하는 것을 해준다면 금새 울음을 그치겠지만 그렇지 못했거나, 원하는 것을 해줬지만 아이 마음에 들지 않았다면 또 계속 칭얼거리게 된다. (아.... 그야말로 치지고 마는 엄마다.)

　그런데 신생아 시기를 지나도 아이는 운다. 내가 지금 당장 하고 싶은 것을 엄마가 해주지 않거나, 못하게 하기 때문. 나는 당장 이 장난감을 손에 쥐고 신나게 놀고 싶지만 엄마는 사주지 않는다고 한다. 그러면 나는 울 테다!!!! 속상하니까! 엄마는 사람 많은 마트에서 내 아이가 우렁차게 떼를 쓰고 막무가내 조르는 통에 난감하기도 하고 울컥 화도 난다. 그냥 장난감을 손에 쥐여주고 울음을 그치게 할까, 등짝을 찰싹 치고 우는 아이를 안고 마트를 빠져나갈까? 장난감을 주고 울음을 그치게 한다면 악 순환이다. 앞으로도 아이는 원하는 것을 울음을 통해 가지려 할 것이다. 신생아가 아닌데도 말이다. 울면 엄마가 해 주니까. 등짝을 찰싹 치고 우는 아이를 안고 마트를 빠져나간다면 아이는 더 크게 울면서 감정조절을 못하게 된다. 왜 나는 이 장난감을 살 수 없는지 이유도 모른 채로 끌려가는 것 뿐이니까.

말이 통하든 통하지 않든 엄마는 아이에게 늘 설명해주어야 한다. 왜 이 시간에 잠을 자야 하는지, 왜 밥을 먹는 건지, 왜 장난감을 살 수 없는지. 아이가 납득할 수 있게 짧은 문장으로 설명해 주어야 한다. 그리고 설명하기 전에 아이의 마음부터 읽어야 한다. 이것이 가장 중요한 부분이다. 다른 많은 육아서에서도 지겹도록 말하고 있는 그것, 여기서 한 번 더 읽어보자.

"엄마가 오늘은 장난감 사러 온 게 아니라 구경만 하는 거라고 얘기했지!"

라 말할 게 아니라,

"지금 이 장난감이 갖고 싶은 거야? 엄마가 사주면 좋겠어? 그렇구나. 이거 갖고 싶구나(마음읽어주기).

그런데 엄마는 이 장난감을 사주지 못해. 오늘은 구경만 하기로 약속을 했잖아(사주지 못하는 이유).

그래서 엄마는 지금 사 줄 수는 없어(결론)."

아이는 엄마 말에 귀 기울이다가 속상한 듯 잠시 울고 수긍한다. 거짓말 같겠지만 진짜다. 물론 이런 상황이 있을 때마다 일관적으로 행동해야 한다는 것을 잊지 말자. 엄마 아빠를 비롯해 주, 부양육자 모두가 말이다. 그래야 아이는 혼란스러워 하지 않는다. 같은 상황에서 일관된 행동을 하고 자신의 마음을 재빨리 알아주면 아이는 더 이상 혼란스럽지 않고 또 더 이상 떼쓰는 건 무의미 하다는 걸 알게 된다. 장난감을 사주는 것뿐만이 아니라 아이가 우는 상황에서는 늘 이렇게 행동하는 것이 좋다. 우는 아이의 눈높이에서, 눈을 보며 속상해하는 마음을 읽어주고 이유를 설명해주는 것. '아 몰라 귀찮아. 나는 목도 아프고 이렇게 장황하게 하고 싶지 않아.' 라고 한다면 강요하지 않겠다. 어차피 내(필자) 아이가 아니니까 말이다. 하지만 내가 키우는 아이는 내 아이라는 걸 잊지 말자. 내 아이가 막무가내로 떼쓰지 않는, 상황에 수긍하고 약속도 잘 지키는 아이로 키우고 싶다면 이제부터라도 해보자. 우는 아이의 눈높이에서, 눈을 보며 속상해하는 마음을 읽어주고 이유를 설명해주는 것 말이다.

12. 밝은 가정 보다 중요한 것.

집단 괴롭힘의 대상이 된 여자 중학생이 상담을 하기 위해 나를 찾아 온 적이 있었다. 고통스러운 경험을 털어놓는 그 아이에게 "힘들었겠구나. 엄마나 아빠에게는 말했니?" 라고 묻자 그 아이는 이렇게 말했다. "그건 불가능해요. 우리 집은 웃음이 넘치는 정말 좋은 가정이에요. 그런데 제가 집단 괴롭힘을 당하고 있다는 이야기를 꺼내면 밝은 분위기가 순식간에 사라질 거예요. 그 생각을 하면 도저히 이야기를 꺼낼 수 없어요." '밝은 가정'은 당연히 바람직한 가정이다. 하지만 그 이상으로 중요한 것은 아이가 무슨 말이건 마음 놓고 이야기할 수 있는 가정, 고민을 털어놓고 힘든 상황을 이야기할 수 있는 가정이다.

– [여자아이 키울 때 꼭 알아야 할 것들] 중에서 –

정말 좋은 가정을 깰 수 없다는 것, 그래야 한다는 것이 여학생에겐 심리적 압박이 되었다. 어쩌면 나 때문에 이 행복이 깨질지도 모른다고 생각하며 매일매일 살얼음판 위를 걸었던 건 아닐까. 행복하고 밝고 따뜻한 가정이란 결국 구성원들의 끈끈한 유대감을 필요로 하고 그 유대감은 부모의 양육태도로부터 나온다. 혹자는 왜 모든 것을 부모의 탓으로 돌리냐고, 부모의 양육방식이 아이의 인생에 끼치는 영향은 40%밖에 안된다고도 한다. 하지만 어쩔 수 없는 현실이다. 부모의 말 한마디에 평생을 가슴속 상처로 안고 사는 사람도 많으니까 말이다.

몇 년 전, 뭔가 불만이 있을 때 '자기학대'를 하는 4살쯤 되는 남자아이를 영상으로 본 적 있다. 그 아이는 소리를 지르고 머리를 벽에 박고 가끔은 자신의 머리카락을 쥐어뜯기도 했다. 이유가 뭘까. 전문가 선생님은 부모의 태도에서 원인을 찾았다. 아이가 엄마를 찾을 때마다 엄마의 즉각적인 반응이 없었기 때문이라고 했다. 엄마를 부를 때 엄마는 자신의 일을 하느라 바빴고, 그래서 아이는 점점 더 엄마의 눈길을 끌기 위해 거친 행동을 하게 되었다고 한다. "엄마"하고 부를 때보다 자기 머리카락을 뜯을 때 엄마가 더 빨리 자신에게 달려왔기 때문인데, 결국 아이는 자학적인 행동을 하면서 온몸으로 엄마를 부르고 있었다는 것.

조금 더 큰 아이들은 어떨까. 엄마에게 조잘조잘 말하면서 엄마와 눈을 맞추고 이야기하던 아이들은 크면서 점점 말을 줄이게 된다. 그것은 아이의 성향에 따라 다르기도 하겠지만 내 경우엔, '크면 다 알게 돼.', '그건 네가 알아서 해야지.', '학교에서 배울 거야.', '바쁘니까 이따 얘기하자.' 늘 이렇게 말하는 '바쁜 엄마' 때문에 어느 순간부터 나는 엄마에게 내 이야기를 하지 않게 되었다.

언제 어느 때라도 내 아이의 말을 진심으로 듣고 고민을 함께 공유할 수 있는 엄마가 되는 것은 매우 중요한 일이다. 물론 그 고민을 반드시 두 팔 걷어 해결해 줄 필요는 없다. 들어주고 공감하며 같이 나누는 것이 중요하다. 그런 부모가 된다는 것은 결국 가족 간의 깊은 신뢰와 유대감을 형성하게 된다는 것이고, 그것은 결국 '단단한 가족, 밝은 가정'을 만들게 된다. 자꾸 나의 '예'를 들다 보니 친정엄마의 양육태도가 부각이 되는 것 같다. 사실 늘 따뜻하고 포근한 엄마는 아니었지만, 언제나 우리 남매를 위해 자신의 인생을 바치며 헌신했다는 것을 나는 너무나 잘 알고 있다.

"엄마, 건강 챙기세요. 무뚝뚝한 딸이라 죄송해요."

미리 알았으면 좋았을텐데...
걱정 말아요. 이제부터 알면되니까요.

제이장 ─ 알아두면 좋을 것들.

01.회복력

외동아이는 형제가 있는 아이와 달리 쓸데없는 간섭을 받거나 경쟁을 하는 등의 이른바 '기분 나쁜 경험'이 없기 때문에 혹시라도 나약하게 자라는 것은 아닌지 걱정하는 사람도 있다. 하지만 이 점은 부모가 어떻게 대처하는가에 따라 얼마든지 보완할 수 있다. 예를 들어 아이가 "오늘 이러이러한 기분 나쁜 일이 있었어."하고 우울해한다면 어떤 말을 건네는 것이 좋을까? "그런 일로 풀이 죽으면 안 돼. 더 강해져야겠구나.", "그 정도는 참을 줄 알아야지.", "너도 잘못한 부분이 있었던 것 아니니?", "그럼 갚아줘야지. 당하면 갚아주는 거야." 이런 식으로 격려하거나 설교하는 것은 잘못된 대처 방법이다. 자기 한계를 넘어 힘들어하는 아이는 이런 말을 들으면 정신적으로 더욱 궁지에 몰린다.

– [외동아이 키울 때 꼭 알아야 할 것들] 중에서–

꼭 외동아이를 키우지 않더라도 부모라면 중요하게 생각해야 할 부분이라고 생각한다. 아이의 고민을 듣고 나서 그 고민이 별것 아니라는 반응이나 그 고민은 너한테도 문제가 있는 것 아니냐는 반응은 아이를 더욱 위축되게 한다. 어른들도 그렇지 않은가. 힘든 일이 있을 때 누군가에게 털어놓고 싶은 마음이 드는 것 말이다. 누군가에게 나의 고민을 이야기하며 털어놓는 것은, 그 문제가 굳이 해결되지 않는다 하더라도 마음의 응어리를 풀어준다. 아이가 고민을 이야기한다는 것은, 혼자 꽤 많은 시간을 자신이 겪고 있는 '괴로운 경험'에 대해 생각해왔다는 것이다. 그리고 그 이야기를 자신만의 든든한 지원군인 엄마 아빠와 함께 나누며 마음의 짐을 덜어낼 수 있기를 바란 것. 그런데 그 고민에 대한 답이 꾸지람이나 면박이라면? 아이는 마음을 닫아버리고 말 것이다. 괴로운 마음을 털어놓고 그저 '응석'을 부리고 싶을 뿐인 아이에게 부모가 해야 할 것은 이야기를 들어주고 응석을 받아주는 것이다. 응석을 받아주는 것만으로도 아이의 마음에는 에너지가 쌓인다고 한다. 마음의 에너지가 쌓이면 '다시 노력해보자.'는 강한 마음이 갖추어진다고. 이런 과정을 통해서 마음을 회복하는 능력을 회복력(resilience)이라 한다.

회복력이 강한 아이는 마음이 강한 아이가 되는 것이고

마음이 강한 아이는 결국 사소한 실패에 좌절하지 않고 언제라도 툭툭 털고 일어나는 힘이 있는 사람이 될 것이다.

아이의 고민을 듣고 그것이 대수롭지 않다고 생각되더라도

"그래? 그동안 힘들었겠다."

"엄마라도 정말 화가 났을 것 같아."

라고 맞장구쳐주는 것이 중요하다. 정말이지 부모가 나서야 할 때가 아닌 경우라면 아이가 스스로 해결 방법을 찾을 때까지 묵묵히 지켜봐 주고 응원해주자.

02. 적성, 반성

2011.08.06일 - 냉장고 속 부추가 조금만 더 있다간 썩을 것 같아 전을 해 먹었다. 마침 집에 오징어와 바지락 살, 새우 살도 있어 주섬주섬 꺼내 대충 휘리릭. 배가 부르다. 요리는 나에겐 참 재미없는, 단지 생을 위한, 내가 할 수 있는 최대한의 집안일. 적성에 정말 안 맞는다. 그런데 적성에 맞다는 건 또 뭘까? 뭐가 기준인지 요즘 좀 헷갈린다. 아이를 재우면서 자는 낮잠, 자고 일어나 시계를 보면 6시. 이게 아침 6시인지 저녁 6시인지 헷갈리고, 지금 이게 꿈인 건지 현실인 건지 이제껏 믿고 그것이 진리라 알고 있었던 건 이 좁은 세상, 그게 겨우 종이 한 장에 불과했다 느껴지며 뭔가 모르게 아주 혼란스럽다. 한치 앞도 보지 못하는 불확실한 앞날에 그저 긍정의 힘! 그거 하나에 의지하며 살아가려니 그 또한 버거워 휘청거린다. 아무 걱정 안 해도 되던, 난 그냥 다 잘 된다며 초 긍정의 힘을 굳게 믿었던 스무 살의 내가, 나는 지금 너무 그립다.

우울증이 심할 때 쓴 글이다. 꿈과 현실, 시공간을 명확하게 구별하지 못할 때가 잠깐 있었던 것 같다. 어느 영화, 외도한 남편이 상대 여자와 함께 침대에 있는데 부인이 들이닥쳤다. 당황한 남자은 "당신 눈을 믿지 말고 내 말을 믿어!" 라 했다. 그 대사가 당시엔 얼마나 어이없던지. 그런데 2011년 8월쯤의 나는, 그 말에 마냥 웃을 수 만은 없었다. 내 눈으로 보는 세상이 전부 진실이 아닐 수도 있다는 생각 때문이었는데, 아마 그때 내가 겪고 있는 그 모든 것들을 부정하고 싶었던 게 아닐까?

뭐 어쨌든, 나는 요즘도 가끔 살림과 육아에 힘이 부칠 때 '아, 적성에 안 맞아 안 맞아.' 하곤 하는데, 그럼 적성이란 뭔가. 어떤 일에 알맞은 성질이나 적응 능력 또는 그와 같은 소질이나 성격이라고 사전에 나와 있다. 임신과 출산을 하고 육아까지 이어지는 이 긴 과정의 일에도 적성에 맞는 사람이 있고 그렇지 않은 사람도 있기 마련일 터. 결혼하고 아이를 가졌다고 해서 순식간에 그에 알맞은 소질이나 적응능력, 성격이 딱 맞는 맞춤 엄마가 되지 않는다. 게다가 세상 모든 엄마들에게 있어 아이의 존재는 처음부터 '충만한 행복'이 아니다. 그런데 사람들은 당연히! 다 그럴 거라 생각한다. 아니, 그래야 한다고 생각 하는 것 같다. 그러다보니 그렇지 못한 엄마들은 괴로워하며 자책하고 또는 그것에 대한 분노를 알게 모르게 아이에게 퍼붓고 만다.

얼마 전 한 기사의 댓글에서 이런 글을 봤다.

우리 엄마는 만날 하는 소리가, "내가 그 비싸다던 바나나며 뭐며 너에게 온갖 좋은 걸 해 먹이고 키웠다."라는데 난 그저 웃는다. 내 어릴 적 기억의 엄마는 항상 불같이 화내면서 나를 때린 사람이다.

매일매일 사랑으로 아이를 대하더라도 어느 순간 감정이 무너져서 아이에게 윽박지르고 때리고 나면 엄마의 화는 누그러들진 몰라도 아이에겐 가슴깊이 박히는 가시가 된다. 어쩌면 그 가시가 평생 빠지지 않을지도 모른다. 적성에 맞지 않는 일을 하게 된다면 그만두고 적성에 맞는 걸 찾아보면 되지만 엄마라는 자리는 그럴 수가 없다. 적성에 맞지 않는다고, 내 아이가 마냥 내 삶의 에너지가 아니라고 해서 모든 걸 다 놓아 버릴 수도 없다. 그럼 어떻게 해야할까?

이미 아이를 낳고 엄마라는 이름을 얻은 이상, 엄마는 자신을 돌아보고 반성하는 걸 쉬이 넘겨버리면 안 된다. 화가 나서 아이에게 감정을 폭발했다면 사과해야 한다. 물론 매번 '폭발하고, 사과하고'를 반복해서 좋을 건 없다. 그러니, 폭발하기 전에 먼저 최대한 화를 누르고 아이의 문제점에 집중해야 한다. 그래야 한다. 그렇지 않으면 아이는 고스란히 엄마의 폭력성을 이어받게 될 뿐이다. 결국 언젠가는 엄마의 손을 벗어나고 어쩌면 매번 사고치는 아이 때문가 될지도 모른다.

육아 프로그램을 볼 때마다 매번 느꼈는데 아이에게 어떤 문제가 있을 때는 분명 그 아이 부모의 양육태도에 적절치 못한 부분이 있다. 부모들은 왜 내 아이가 이럴까 고민하다 결국 제3자의 입장에서 자신을 지켜보고는 눈물을 흘리고 반성한다. '그냥 뭐 쉽게 대충 키워도 잘만 크더라.'라고 말할 사람 많다는 거 나도 안다. 물론 그럴 수도 있고. 그런데 세상 모든 엄마들이 그렇듯 내 아이가 바른 인성으로, 조금 더 밝고 건강하게 자라길 바라는 마음이 있다면 자신을 먼저 되돌아보자. 적성에 맞지 않는 일이라 생각이 들더라도, 어쨌든 엄마가 된 이상 책임감을 가져야 한다는 걸 기억하자.

03. 종합 우울증 세트

생각이 계속 멀리 나가게 되면 실제로 어떤 일이 있었는지는 잊어버리고 혼자 내린 결론이 진실이라고 생각하고 객관적인 사실을 주관적으로 해석해버리는 오류를 범한다. 따라서 자기 생각의 흐름을 관찰하고 관리하는 방법을 훈련하고, 불필요한 생각을 끊는 연습이 필요하다.

-[그게 뭐라고 자꾸 신경 쓰일까 – 차희연 저] 중에서-

우울증은 왜 이리도 오래 가는지. 신혼 때 오는 남편과의 기 싸움 같은 것들이 스트레스였고 그것 때문에 날카로워진 내 마음은 날이 갈수록 더 우울해졌다. 결혼이란 것만으로도 굉장히 큰 변화였는데, 특히 근 30년간 살았던 곳을 떠나(심지어 22년째 같은 아파트에 살고 있었으니 주거에 대한 변화가 굉장히 컸다) 전혀 연고도 없는 곳에서 적응하고 살아야 했기에, 나는 언제나 외로웠고 또 괴로웠다.

게다가 임신으로 오는 신체적, 심리적 변화는 나를 더욱 견디기 힘들게 했는데, 그것은 극심한 우울증이 되어 나를 괴롭혔다. 남편도 친구도 그 누구도 내 마음을 알아주지 못했다. 아니, 진심으로 들어주는 사람 하나 없다 생각했다. 나는 누구에게 마음을 털어놓아야 하는 것일까? 결혼을 하지 않은 친구들에게 내 얘기는 그저 배부른 소리하는 아줌마의 하소연일 뿐이고, 남편은 남편 나름대로 삶의 변화에 적응하느라 이리저리 정신이 없었다. 나는 온전히 혼자, 모든 걸 감당해야 했다. 그럼에도 불구하고, 뱃속의 아이는 점점 자랐고 나는 이 아이를 온전히 잘 키울 수 있을까? 출산의 고통을 견딜 수 있을까? 아이가 건강하게 태어날까? 매일같이 수많은 걱정과 고민을 붙들고 살았다. 이렇게 산전 우울증을 견디며 힘들게 아이를 낳았지만, 남편의 긴 출장으로 인해 꽤 오랫동안 혼자 아이를 키웠다.

요즘은 친정에서 도움을 많이 받는 모양이지만 앞서 말했듯
나는 내 연고가 없는, 친정과 2시간이 넘게 떨어진 곳에 살고
있었으므로 산후조리기간 이후부터 완전히 혼자 아이를
키웠다.

처음 아이를 키우면 엄마들은 늘 불안하다. 내가 제대로
키우고 있는 건지, 혹시 새벽에 아이가 아프면 어떻게 해야
하는지도 걱정이다. 게다가 잠은 잠대로 못 잤으니 그 고통이
얼마나 넘기 힘든 산이었는지. 신생아를 혼자 키우는 것은
하루 24시간 내내 쉬지 않고 한 달 아니 기약 없이 일하는
기분이다. 밖에 나갈 수도 없고, 어디 스트레스 풀 곳도
없었다. 그냥 아이를 보는 거. 그게 내 삶의 전부가 된다.
그렇게 집에만 처박혀 아이를 보다 보면 점점 더 우울해진다.
그럴 수밖에 없다. 내가 조금씩 사라지는 기분이 들기 때문.
내 밥 한 끼 마음 편히 먹기 힘들고 세수는커녕 화장실에서
볼일 보는 것도 쉽지 않다. 조심스레 침대에 눕혀 놓고
살금살금 나와 화장실 변기에 앉았는데 "으앙-", 부지기수다.
어떤 사람들은 "아이를 보면서 참으면 되지.", "아이 얼굴만
보면 마음이 편안해지지 않니?" 라는데 전혀 그렇지 않았다.
오히려 아이 때문에 내가 지금 힘들다는 생각을 더 많이 하게
될 뿐이다. 이렇게 육아가 힘든 와중에 시댁과 문제가 생기고

남편과 자주 다투게 되면 파도가 덮친 모래성처럼 와르르, 금세 무너져버린다. 아이를 낳기 전에는 엄마들이 아이와 함께 생을 달리했다는 기사를 볼 때마다 '미쳤다.'고만 했었다. 그런데 그 심정이 이해가 갔다. 딱 내가 그렇게 죽고 싶었다. 아이를 놔두고 죽기엔 아이 인생이 어떻게 될지 눈에 보여서 차라리 같이 죽어버릴까 생각하기도 했고, 나만 없어지면 이 모든 게 해결되겠구나 싶었다. 그렇게 날마다 괴로움에 몸부림치며 하루하루 버티는 인생. 그러다 문득, 마음을 다잡아야겠다고 생각했다. 아무것도 모르는 이 작고 가녀린 아이, 세상에서 '엄마'가 전부일 이 아이에게 치유할 수 없는 상처를 남기고 싶지 않았기 때문이다.

치료를 할 수 있는 방법을 찾아보았다. 우울증으로 병원을 다녀보려고도 했으나 어차피 처방받은 약을 먹을 때 뿐이라는 말을 많이 들었다. 그래서 심리치료를 받을까 생각도 했다. 그러나 그 또한 돈이 만만치 않게 들기도 하고, 한번 가서 해결될 일이 아니라 몇 개월씩 장기적으로 다녀야 하는데 아이를 키우는 입장에서 그럴만한 여유도 없었다. 그래서 나는 그냥 우울증에 관한 책을 읽고 새로운 것을 배워 보려 노력했다. 책과 동영상강의로 짬짬이 시간 날 때마다 이것저것 독학을 했다. 일본어, 홈 베이킹, 재봉틀

등등. 물론 이런 일들을 한다고 해서 곧바로 심리적 안정을 찾을 수 있진 않다. 그냥 아주 천천히 조금씩 괜찮아진다. 더 악화되지 않으려고 붙잡는 실 날 같은 동아줄이랄까.

병원치료도 두렵고 심리치료도 경제적 부담이 된다면 뭔가 새로운 걸 배우는 시도를 해보길 바란다. 물론 새로운 걸 배우는 것도 이것저것 돈이 들 수 있지만 내가 좋아하는 것, 평소에 내가 해보고 싶었던 것을 해보면 조금은 편안해질 수 있다. 그리고 혼자 끙끙 앓지 말고 친한 친구에게나 아니면 인터넷 카페에라도 글을 올려 누군가의 조언이라든지 이야기를 나눈다든지 하는 것도 괜찮은 방법이다. 햇빛이 쨍하고 바람이 선선할 때 밖에서 걸어보는 것 또한 우울감을 해소하는데 좋다. 이것저것 다 해보자. 내 마음이 조금은 쉴 수 있는 방법을 스스로 찾아보자.
  이 끝없는 늪에서 절대 나를 쉬이 놓아버려선 안 된다.

04. 엄마의 죄책감

아이를 어린이집에 보내고 나서야 가질 수 있는 이 여유로운 시간. 이 시간을 갖기까지 나는 얼마나 울었던가(감격의 오열). 쨍쨍한 햇볕에 빨래를 탁탁 털어 널고 나서 왠지 모를 뿌듯함에 취한 채 커피 한 잔 들고 소파에 앉아 후룩후룩, TV를 켰다. 앗! 그 이름도 찬란한(나의 20대를 함께 했기에) 영화 'Sex and The City2'. 영화관에서 봤던 기억 되살려가며 아무 생각 없이 또 보고 있는데, 예전에는 크게 보이지 않았던 장면이 눈에 띄었다. 아이를 키우고 있는 '엄마' 친구 2명이 바에 앉아 폭풍 '육아'수다를 나누는 장면. 완벽한 가정을 꾸리고 예쁜 아이들을 키우는 행복한 삶을 꿈꾸던 샬롯이 친구

미란다에게 아이를 키우면서 오는 온갖 괴로운 것들을 털어놓는데, 보모 없이 아이를 키운 엄마들의 삶이 얼마나 힘들지 짐작조차 가지 않는다 한다. 그러면서 그녀는 아이를 두고 온 지금의 여행이 너무 좋아 죄책감이 느껴진다고 했다. 간절히 원했던 아이를 갖게 되었고, 그만큼 더 행복한 삶이 된 것은 분명하지만 아이 없이 온 여행이 너무 편하고 좋아서 이 감정에 죄책감이 든다고.

아이를 양육하다 보면 정말 사소한 거 하나에 죄책감을 느낄 때가 많다. 말을 너무 안 들어 소리를 빽 지르거나, 엉덩이 한 대 팡! 때리고 나서도 엄청난 죄책감이 몰려온다. 아무것도 모르는 이 아이, 내가 세상의 전부일 이 아이에게 나는 왜 화가 나는 걸까? 화를 내서 되는 일도 아닐 텐데 왜 이렇게 화를 내는 걸까? 그러고 보면 나를 이리도 열렬히 사랑해주는 사람이 또 없을텐데. 아이가 조금 더 크면 자연스럽게 나에게서 독립할 테고 그때쯤이면 오히려 내가 아이와 함께 있기를 원할지도 모른다. 그래, 지금 더 안아주자. 지금 더 참고 아이의 마음을 읽어주자.

그래, 아이의 엉덩이를 때릴 수도, 아이에게 버럭! 화를 낼 수도 있다(누군가는 그게 정상이라고 할지도 모르겠다).보통의 양육자라면 그것에 대해 죄책감을 가질 수밖에 없다. 그러나 그것에 너무 괴로워하지는 말자. 대신 아이에게 왜 엄마가 화를 내고 아이를 다그쳤는지 이유를 설명하고 미안하다 말하자. (앞서도 언급했지만, '화내고, 사과하고, 화내고, 사과하고.'를 그저 반복하는 것은 금물)

05.육아
간섭에서
벗어나는 법.

아이를 키우다보면 주변에서 참 많은 이야기들을 한다.
키우는 것에 대한 소소한 것들부터 이것저것, 이른바 '육아
간섭'이라고 부르는 것들 말이다. 하긴, 임신 때부터 이런저런
말들을 많이 듣긴 했다. 그것이 진심으로 걱정 되서 하는
말이든, 지나가다 슬쩍 던진 말이든 아니면 별 할 말이 없으니
이말이라도 하자 싶어서 한 말이든. 좋은 소리도 계속 들으면
듣기 싫듯 듣다 보면 이런 육아 간섭들도 마냥 감사하게
느껴지지 않는다. 특히나 나처럼 외동 확정인 엄마들에겐

주변의 간섭은 배로 늘어난다. 아이가 하나면 외롭다, 나중에 큰일 나면 어쩌나, 아이 사회성이 떨어진다 등등 외동아이의 장점 따위는 하나도 없다는 듯이 말하는 그들의 말 한마디 한마디는 나처럼 소심한 엄마의 가슴에 여기저기 생채기를 낸다. 이제는 요령이 생겨 가깝지 않은 이상 내가 외동을 확정 지었다는 말조차 하지 않는다. 그냥 "아, 네." 물론 속으로는 울컥 짜증이 난다.

첫 아이를 기준으로 한 달이든 하루든 어쨌거나 먼저 낳으면 누가 뭐라 할 것도 없이 '육아 선배'가 되는 것은 사실이다. 먼저 낳은 만큼 출산의 고통을 먼저 견뎠고, 그만큼 더 빨리 육아의 괴로움을 견뎠다. 그래서 자신의 경험에 비추어 '육아 후배'에게 이런저런 조언을 해주게 되는 것 같다. 물론 그저 조언에 그치면 좋겠지만 가끔은 조언을 넘어서 훈계라든가, 강요로 나타날 때도 있다. 그럴 때면 참 난감하다. 특히나 그 상대가 내가 내 의견을 입 밖으로 내기조차 어려운 상대라면 이러지도 저러지도 못하다 질질 끌려 따라다니는 꼴이 되는 경우도 다반사. 그러니까, 엄마는 공부해야 한다. 내 아이를 바른길로 이끌고 성장시키는 건 결국 엄마니까. 엄마는 주 양육자로서, 혹시라도 잘못된 정보로부터 내 아이를 지켜내야 한다.

  물론 당장 유아교육학과를 다니라는 얘기가 아니다. 읽기 쉽도록 쓰인 육아 지침서를 읽는다든지 임신 육아 관련 강의에 참관한다든지 하는 이런 일련의 일들을 엄마 아빠가 관심을 가지고 실천하는 것이 좋겠다는 말이다. 엄마 아빠가 육아에 대해 어느 정도 알고 있어야 남들이 이렇다저렇다 말하는 (잘못된 정보의) 육아 간섭에서 벗어날 수 있다. 육아 지식으로 다져진 엄마는 자신의 소신을 지킬 수 있게 된다. 꼭 육아 간섭을 피하고자 육아서적을 읽어야 한다기보다 이 세상 초보 엄마들에게 그것은 한줄기 빛이랄까. 나는 그런 느낌으로 책을 읽었다. 신생아가 얼마 만에 얼마의 양으로 모유를 먹는지, 이유식은 언제 시작하는지, 그 양은 얼만지, 어떻게 만드는지도 아는 것이 하나도 없었다. 아이가 이유 없이 울 땐 어떻게 해야 하는지, 갑자기 아프면 무엇부터 해야 하는지도 당연히 몰랐다. 물론 직접 부딪히면서 또는 검색 창에 키워드 써가면서, 그래도 답이 안 나올 땐 맘 카페에 질문 남기며 키운다 해서 나쁠 건 없다. 하지만 엄마가 어느 정도 미리 알고 있다면 갑자기 닥친 일에 우왕좌왕하며 시간을 뺏길 염려가 조금은 줄어들 수 있다. 물론 하나부터 열까지 옆에 딱 붙어 제대로 된 정보를 누가 옆에서 알려준다면 고마울 따름이다.

내 친구들은 대부분 나보다 결혼을 늦게 했고(난 좀 빠른 건가? 나도 29살에 해서 그리 빠른 건 아니라고 생각하는데 지금 시대를 보면 빨랐나 싶기도 하다) 이제 어린아이를 키우고 있는 친구들이 있다. 그래서 가끔 그들에게 이것저것 알려줘야겠다 싶어 알려주게 되는데 그러다 보면 순간, '아! 나 지금 간섭 하는 게 아닐까?' 싶을 때가 있다. 그래서 '그냥 말하지 말자.' 한다. 물어볼 곳도 없다고 투정 부릴 시간에 책을 한 번 찾아보자. 삶의 질이 올라가는 것은 덤이다.

06. 산후 다이어트 하셔야죠?

결혼 전 54~58kg이었던 나는 3~4kg 정도는 일주일 만에도 쪘다 빠졌다 했던 고무줄 몸무게. 타고난 근육이 많아서인지(아니면 통뼈인지) 20살 때 아르바이트 하느라 저녁을 못 먹은 채로 일을 했더니 보름 만에 51kg까지 빠졌었는데 친구들이 그 때 해골 같았다고 했다. 그래서 날씬하다 싶은 나의 적정 몸무게는 약 53kg 정도가 아닐까? 어쨌든 이런 나의 몸무게는 임신으로 인해 무지막지하게 불어나 막달에 정확히 80.2kg을 찍었다. 키 160cm에 80kg 라니.

아이를 낳고 제대로 된 끼니를 챙겨 먹을 수도 없어

야식으로 폭식, 제때 잠을 못 자니 불규칙한 생활의 연속, 결국 내 몸은 그 무게를 버티지 못하고 허리와 무릎 통증을 선사했다. 무거운 몸, 3~4겹은 될듯한 허리와 배, 쳐다보기만 해도 숨이 차는 허벅지를 보면서도 그러려니 했다. 왜냐하면 난 늘'마음만 먹으면 언제라도 빼는 게, 살'이라는 생각을 하고 살았기 때문이다. 체중계에 찍힌 몸무게를 보면서도 '이건 내 몸무게가 아니야. 내 진짜 몸무게는 55kg 야.'란 생각도 했다. 그냥 뭐, 내 뇌에다가 그렇게 말해주며 현실도피를 한 거다.

어찌 되었든, 출산 후 3년간 적어도 1년에 1번 정도는 큰 결심 하고 다이어트를 시작했었다. 그러나 결과는 늘 흐지부지. 이유는 다이어트를 시작하고 며칠이 있으면 몸이 너무 아파 앓아누워버렸기 때문. 그 아픈 몸을 회복하려면 또 이것저것 뭔가를 챙겨 먹어야 했고 그러다 보면 다시 몸무게고 다이어트고 제자리로 돌아와 버렸다. 산후풍 때문에 몸이 많이 망가진 데다 운동도 할 수 없는 저질 체력이 되어버려 뭘 잠깐 힘 좀 썼다, 무리했다 싶으면 쉽게 아파 버렸던 몸.

하지만 나는 그렇게 생각한다. 다이어트의 성패는 결국 정신건강이라고. 다이어트를 시작하고 계속해서 그것을 유지하기 위해서는 매우 많은 정신적 에너지를 소모하게 된다. 오늘은 운동을 쉴까 말까, 한 입만 더 먹을까 말까, 늦은 시간인데 먹어도 될까, 먹고 나서 후회하지 않을까? 아니야. 괜찮아, 이건 살도 안 쪄. 매 순간 나 자신과 싸울 수밖에 없다. 달콤한 유혹의 순간을 매번 뿌리치는 것, 그 끊임없는 과정들을 소신 있게 지켜나가는 것은 상당히 힘들다. 그래서 다이어트는 우선 건강한 정신이 필요한 것! 내가 이걸 계속할 수 있을까? 다이어트 하나 안 하나 어차피 안 예쁜데 하지 말까? 먹는 게 너무 행복한데 그냥 이대로 행복하게 사는 게 낫지 않을까? 자기 합리화하며 자꾸만 나약해진다면, 나의 내면에 먼저 집중해야 할 필요가 있다. 내가 다이어트를 해야 하는 이유에 대해 먼저 진지하게 생각해야 한다. 단순히 날씬해지기 위해서! 라는 대답보다 좀 더 구체적인 나만의 답을 생각해보자. 그런 다음 나는 괜찮은 사람, 나는 나를 사랑하는 사람, 나는 이미 잘 해내고 있는 사람이라고 나 자신을 다독여보자. 원래가 그렇다. 가까운 남편조차도 여보 대단해, 사랑해, 고마워 말 따위는 거의 해주지 않는다. 핀잔이나 비아냥이 오히려 더 많을지도 모르겠다.

알다시피 엄마들은 누군가에게 긍정적인 피드백을 받기란 쉽지 않다. 그러니 스스로 매일 나를 사랑해보자.

오그라들지도 모르지만 그렇게 해보면 정말이지 나는 꽤 멋진 사람이라고 느끼게 된다. 가끔은 이런 긍정적인 마음 따위가 다 무슨 소용인가 싶어 다이어트고 뭐고 모든 것이 싫고 우울해질 때가 있다. 나도 그렇다. 그런데 생각해보면 그 끝도 없는 우울감은 결국 그냥 우울감이다. 해결할 수 없는 감정의 기복일 뿐이다(물론 외부적 요인으로 인한 우울감을 제외하고 말하는 것입니다). 순간의 감정 기복은 조절하면 된다(쉽게 한 줄 쓱 썼지만 어렵다는 것도 잘 안다). 우울감을 훌훌 털어버리는 것을 매번 하다 보면 굳이 저 밑바닥까지 감정을 끌어내리지 않더라도 금세 다시 회복할 수 있게 된다. 그러니 다이어트를 위해 피나는 노력을 하다 지쳐 하루 폭풍 흡입했다고 해서 와르르 공든 탑을 무너뜨리지 말자. 하루쯤은 무너져도 괜찮다. 다시 또 하면 되니까.

내면을 잘 다져놓았다면 이제부터 식이요법과 운동을 시작해보자. 어쨌든, 다이어트는 쉬운 일이 아니다. 하지만 생각해보자. 엄마로서 말이다. 아이 낳는 것보다 어려울까? 적어도 내 기준에선 절대 아니다. 아이를 낳고 키우는 것만큼 어려운 것은 없다. 그러니 이깟 다이어트 뭐라고! 생각하며 열심히 시작해보자.

나는 우선 해독주스를 만들어 먹으면서 원래 하던 식습관들을 다 버렸다. 밀가루 음식(면, 과자, 빵 등등)을 모조리 끊고, 매일 마시던 시럽 넣은 카페라떼도 끊고, 밥양을 1/3로 줄였다. 대신 채소를 많이 챙겨 먹었다. 그리고 물은 하루 기본 2리터 정도 마셨다. 물만 먹으면 맛이 없으니 여러 가지 차들을 식탁 위에 놓아두고 보일 때마다 마셨다. 그 외에 몸에 좋다는 견과류 한 봉지를 매일 챙겨 먹고, 발효 흑초도 매일 한 잔씩 마시고, 커피는 시럽 없이 아메리카노로 한 잔씩 마셨다. 과일도 의외로 칼로리가 높은 것들이 많으니 먹더라도 조금 먹고 주로 토마토를 먹었다.

보통 나의 식단은 아침, 저녁 : (블루베리+스페셜k+저지방 우유) or (바나나+저지방우유) 또는 어제 먹다 남은 국에 현미밥 조금 말아먹기로 아침저녁은 간단히 먹었다. 점심 : (샐러드+저지방샐러드소스+현미밥+한우조금)또는 닭 가슴살+샐러드.

그런데 뭐 늘 이렇게 지켜 먹는 게 아니라 기본적인 마인드는 하루 한끼는 현미밥을 먹기, 채소 많이 먹기, 인스턴트 음식과 외식 않기, 단백질(돼지고기, 두부, 닭가슴살)위주의 식단으로 먹기 이런 식이었다. 하루 먹은 걸 대충 계산해보면 약 700~800kcal 정도였다. 그리고 중요한 운동. 집에서 홈트하기. 특히나 요즘은 유튜브에 홈트만 검색해도 엄청난 콘텐츠가 쏟아져 나오니 자신에게 맞는 운동을 따라 해보자. 한 가지 더 추가한 운동은 1층에서 15층까지 2~3번 계단으로 걸어 올라오기. 물론 내려갈 땐 엘리베이터를 타야 무릎이 상하지 않는다는 걸 명심하자.

물론 비싼 돈 들여(시술 등으로) 조금 더 쉽게 뺄 수도 있다. 그럼 금방 요요가 오지 않을까? 스스로 식습관 조절하고 운동해서 뺀 살은 힘들었고 또 그만큼 몸에 서서히 익숙해지며 뺀 살이라 예전처럼 먹으라고 해도 배불러서 못 먹게 된다.

결론은, 다이어트는 정신력의 싸움.

07.감정이입과 역지사지

감정이입이 안 되면 자기중심적이 되어 그야 말로 제 기분대로다. 이럴 때 수가 말리거나 싫은 소리를 하면 즉각 폭발한다. 화를 버럭 내며 때로는 기물을 던지거나 폭행을 하기도 한다. 자기 자신만 생각하기 때문에 남의 마음이나 입장을 헤아릴 여유가 없는 것이다.

– [아이의 자기조절력 – 이시형 저] 중에서 –

최근 심심찮게 들리는 아동학대 사건들을 접하면서 내가 제일 처음에 든 생각은 '저렇게 경악스러울 만큼 아이를 학대하는 사람은 감정이 없는 걸까, 감정이입이 안되는 걸까?'였다. 아이의 고통 따위는 아랑곳하지 않고 그저 자신의 분풀이 상대로만 생각한 건가 싶기도 했다. 저 여린 아이들을 때리는 것도 모자라 죽음으로까지 내몰 정도의 악한 마음은 대체 어디서 온 걸까.

예전에 내가 무슨 잘못을 하면 우리 엄마는 늘 이런 소리를 했다.

"네가 이렇게 버릇없이 굴면 사람들이 엄마한테 손가락질하는 거야. 가정교육 잘못시켰다고."

난 이해가 잘 가지 않았다. 내가 잘못한 건데 왜 엄마가 욕을 먹는 걸까? 근데 지금 생각해보면 당연한 말이다. 우리는 부모(양육자)의 보살핌 아래 크며 쉽게 말해 가정교육이라고 지칭하는 여러 가지 것들을 배우게 된다. 그것이 꼭 '이건 이렇게 하는 거야.' 따위의 교육적인 지침 같은 것이 아니더라도 엄마 아빠에게서 보고 배우는 모든 것들이 가정교육이라 할 수 있을 것이다. 학대하는 부모

밑에서 자란 아이, 늘 욕을 뱉고 폭력을 일삼는 부모 밑에서 자란 아이가 과연 올바른 정서를 가지고 잘 자랐다 할 만한 사람이 되기 쉽겠느냐 말이다. 그래서 생각해보건대, 아이를 학대하는 사람은 자신도 학대받았을 가능성이 매우 크지 않을까 싶다. 그것이 육체적이든 아니면 부모의 강압적인 양육 태도로 인해 정신적 학대를 받았던 것이든 말이다. 물론 그렇다고 해서 학대의 대물림이 그냥 그런 거구나 그럴 수 있구나가 아니라 그래선 안 되는 것이고, 내가 그렇게 자랐다고 해서 내 아이에게도 대물림해서 되는 일이 아니다. 그러려면 학대의 대물림을 끊으려는 사람의 끊임없는 노력이 필요하다. 자신의 감정을 잘 다스릴 줄도 알아야 하겠고, 자기 눈에 보이는 아이의 모난 점을 받아들이고 긍정적으로 변화시키려는 지속적인 노력을 해야 한다.

우리 엄마는 기분이 좋을 때면 한없이 나에게 잘해주다가 본인의 기분이 나쁠 때는(뭐 물론 내가 모르는 안 좋은 일이 있었겠지) 내가 큰 잘못을 저지르지 않더라도 벌 받은 적이 제법 있다. 아마 그렇지 않아도 머리 복잡한 상황이 있던 차에 내가 옆에서 얼쩡거렸거나, 새로 산 비싼 옷을 찢어 먹었다거나... 어찌 되었든 평소라면‘ 그냥 조심하지.’정도로 넘어갈 일이 엄마의 기분 따라 체벌의 강도가 달라졌던 것 같다. 그래서 나는 내 아이에게 최대한 그러지 않으려고 노력한다. 내 기분에 따라 아이를 대하는 태도를 달리하지 않으려고 말이다.

아이를 양육할 때 사랑으로 대하는 것도 물론 중요하지만, 또 중요한 것은 (앞서도 강조했듯) 아이의 마음을 읽어주는 것이다. 나는 이것이 감정이입, 역지사지의 의미와 일맥상통한다고 생각한다. 예를 들어 아이가 지금 울고 있다면, 왜 울고 있는지 아이의 마음을 읽어주고, 장난감이 마음대로 되지 않아서 울었다고 말한다면 아이의 입장이 되어(역지사지) 내 마음대로 되지 않아 속상했을 그 마음(감정이입)을 읽어주는 것이다. "장난감이 네 마음대로 되지 않아서 속상했구나." 그럼 분명 아이는 자기감정을 추스르고 울음을 그친다. 엄마가 자신의 속상한 마음을 알아줬기 때문이다. 꼭 이렇게 하지 않아도 아이는 잘 큰다는 사람들도 분명 있다. 물론 그럴 수도 있다. 가끔 엄마들 카페를 보면 느끼는 건데 자신의 아이가 또는 자신이 가해자가 된 상황에서 글을 쓸 때는 참 관대하다는 생각을 한다.

'우리 아이가 키즈카페에서 바구니를 들고 가다가 다른 아이의 머리를 쳤어요. 그런데 엄마인 내가 경황이 없어서 그 아이에게 사과를 못하긴 했죠. 하지만 그 아이의 엄마가 나를 진짜 심하게 째려보더군요. 그 집 아이가 크게 다친 것도 아니고 살짝 부딪힌 건데 뭘 그리 째려보는지 원.'

　이런 글을 보면 자기가 피해자였어도 이리 관대하게 글을 쓸까 싶다. 아마 피해자였다면 '우선 사과 먼저 해야 하는 거 아닌가요?!!!' 라고 글 쓰지 않았을까. 그러고 보면 역지사지해보더라도 자기 마음대로 생각하는 사람이 많겠다 싶다. '입장바꿔 생각해도 나 같으면 그 정도로 째려보진 않겠다.'라는 반응을 보일 사람들이겠지? (절레절레)

08. 편가름은 필요 없다.

'외동아이는 버릇이 없다.'

'아들을 가진 엄마들은 아무 곳에서나 소변을 보게 한다.'

몇 년 전, 한 대형 인터넷 커뮤니티에서 이 두 가지 주제로 난리가 났다. 댓글 폭발로 글쓴이가 글을 삭제할 정도였으니 얼마나 날 선 글들이 오갔는지 짐작이 간다. '외동아이는 버릇 없다.'는 말은 내가 아주 어릴 때부터 어른들에게 듣던 소리였다. 나는 외동이 아니었지만, 외동아이를 키우고 있던 외숙모에게 어른들이 늘 그렇게 말씀하셨기 때문이다.

제삼자 입장의 어렸던 나도 기억이 날 만큼 자주 들었을 정도였으니 본인들은 얼마나 듣기 싫었을까 싶다. 글쎄, 외동아이를 키우는 부모입장에서 이 말에 신경 쓰지 않는 부모가 과연 얼마나 될까. 아마 대부분의 외동 엄마들은 자신의 아이가 버릇이 없다는 소리를 들을까 봐 오히려 더 엄하게 키우고 있을 것이다. 외동아이라서 버릇이 없고 형제자매라서 예의가 바른 것은 아니다. 결국은 아이의 성향이고 부모의 양육 태도에 따라 달라지는 것일 뿐인데, 그걸 모르는 것인지 아니면 알면서도 '아 난 모르겠고~'라며 그저 상처 내기에만 급급해하는 건지 도무지 알 수가 없다.

외동 엄마들은 다둥 엄마에게 "둘째는 (육아가 힘들어 막 키울 테니) 발로 키우겠어요."라 하고 다둥 엄마는 외동 엄마에게 "하나라 (너무 쉬워서) 발로 키우겠어요." 라고 한단다. 서로 상처 내기의 최고봉이 아닐까 싶다. 외동 엄마로서 나는 둘 셋씩 키우는 엄마들을 보면 늘 대단하다고 생각한다. '나는 하나도 버거운데 둘 셋씩 챙기려면 얼마나 바쁘고 힘들까.'라 생각하면서 말이다. 각자 가진 생각의 차이인 것이지 외동 엄마의 생각과 다둥 엄마의 생각이 반드시 저렇다고 치부하며 싸운다는 것 자체가 답답할 노릇이다.

'화단에서 소변을 보게 하는 거 너무한 거 아닌가요?'

이 글에선 아들 가진 엄마와 딸 가진 엄마의 싸움이었다. 급하다 보니 어쩔 수 없었지만, 화단은 괜찮지 않냐, 아무리 급해도 근처 화장실을 찾아야 한다, 딸들은 다 그렇게 키운다, 무슨 소리냐 딸들도 버젓이 보이는 곳에서 소변을 누고 있는 것을 많이봤다.

그런 싸움 와중에 이런 댓글이 있었다.

'급하다고 화장실을 찾지 않고 아무 곳에서나 소변을 보게 한다는 건 결국 엄마가 편하려고 하는 거 아닌가요? 화장실을 찾다 실수를 해버리면 엄마는 뒤치다꺼리를 해야 하고 그건 귀찮은 일이 되어 버리니까 일단은 편하게 해결하려는 것이죠. 용변이 마려운지 미리 확인을 하고 실수하는 한이 있더라도 끝까지 화장실을 찾아서 해결해야 하는 것이 맞아요. 그것이 교육인 거니까요.'

맞는 말이다. 급하다고 아무 곳에서나 소변을 보게 한다면 그렇게 해도 되는 일이라고 아이에게 가르치는 꼴이다.

아들이건 딸이건 말이다. 한 번쯤은 괜찮겠지 하는 생각은 결국 습관이 되고 만다. 나쁜 습관을 아이에게 가르치고 싶은 부모는 없지 않은가. 엄마는 엄마다. 외동 엄마, 다둥 엄마, 딸 가진 엄마, 아들 가진 엄마. 그 편가름이 대체 왜 필요한가. 서로를 깎아내리며 나는 괜찮다, 나는 우위에 있다고 스스로 위로하는 것만이 엄마의 자존감을 지키는 유일한 방법이라고 생각하지 말자.

09. 좋은아빠가 되는 12가지 방법

파크교수(캘리포니아대학교 심리학 교수 Ross D. Parke)의 이론에 따르면 아빠와의 놀이나 상호작용은 논리적이고 이성적인 좌뇌를 발달시킨다고 한다. 실제 실험에서도 영유아기 때 아빠와 관계가 부족했던 아이들은 수리 능력이 떨어지고 성취동기도 낮을 뿐 아니라 지적 발달의 초기 단계인 감각 운동 행동(손을 뻗어 물건을 잡거나 사물을 쫓는 행동) 수치도 낮다는 결과가 나왔다. 이는 한 살 이전부터 아빠의 양육 태도가 아이의 지능 발달에 막대한 영향을 미친다는 것을 보여준다.

– [아빠의 자존감이 아이의 자존감을 높인다-이수연 저] 중에서 –

아빠 육아라는 말이 어색하지 않은 시대가 됐다. 아빠와 여행을 가고, '아빠와의 48시간'을 보내는 예능이 큰 인기를 끌었던 것만 봐도 예전과는 비교할 수 없을 만큼 달라진 건 분명한 현실이다. 아빠가 아이와 함께 적극적으로 몸을 움직이면서 하는 활동적인 놀이는 아이의 사회성, 창의성, 적극성에 긍정적인 영향을 준다. 아마 이 시대 아빠들이 알고는 있는 기본적 상식일 것이다. 하지만 정작 몸소 실천하는 아빠들은 의외로 없다. 물론 이해는 한다. 일하고 들어와 풀썩, 소파에 드러누워 마냥 쉬고 싶은 심정이라는 것을. 몸도 마음도 지친 상태로 부랴부랴 집에 왔는데, 저녁밥 먹기 무섭게 설거지니, 아이 목욕시키기니, 해야 할 일이 또 남아있다는 사실에 아이와 놀아주기는 그야말로 또 하나의 '일'이 되어 버리고 만다. 주말이면 밀린 잠을 늘어지게 자고 싶을 뿐인데 그마저도 내 마음대로 쉽게 할 수 없고 결국 운전기사 노릇을 하며 여기저기 돌아다니다 또다시 월요일. 일하고, 집안일(쓰레기 버리기나 집안 곳곳 수리 등) 하며, 육아(아이 목욕시키기, 아기 띠 안고 마트 따라가기 등등)에도 참여하는 아빠는 이미 가족을 위해 자신이 많은 것을 하고 있다고 생각한다. 여기서 뭔가를 더 한다는 것은 피곤하고 힘들다고 생각하면서 말이다.

하지만 아빠들은 아이와 함께 놀아준다는 것을 거창하게 생각할 필요는 없다는 걸 알아야 한다. 매일 하루 15분 정도 짧은 시간 집중적으로 놀아주면 된다. 풍선 배구, 베개 싸움, 입김 불어 휴지 떨어뜨리지 않기, 좀 더 어린아이라면 살짝 위로 던졌다가 받기, 비행기 태우기 등과 같은 놀이로 말이다. 단 아빠의 체력에 한계가 있으므로 시작하기 전에 시간을 정해두고 하는 것이 좋다. 시간만큼 실컷 논 아이는 매일 이런 시간이 있다는 것을 알고 나서부터 더 해달라고 떼쓰지 않는다. 아이들은 아빠를 기다려주지 않는다는 사실을 늘 생각하자. 아이와의 시간을 '여유가 있을 때'로 미루면 미룰수록 아이와 함께할 시간은 오히려 줄어든다. 아이는 어느새 다 자라서는 아빠와의 놀이는커녕, 같이 있는 공간마저 어색해한다. 자식과 데면데면해진 아빠는 그때 가서 이렇게 말한다.

'죽도록 일해서 벌어먹여 살렸더니 애들은 나를 싫어해.'

다음은 <시카고 트리뷴>에서 발표한 좋은 아빠가 되는 12가지 방법이라고 한다. 12가지 모두를 완벽히 지킬 필요는 없지만 지키려고 노력하는 아빠가 되어보자. 아이는 당신에게 웃음으로 답할 것이다.

1. 함께 있기
- 가능한 오래.

2. 관여하기
- 아이가 잘하는 것을 지켜봐 주고 관심 있는 것을 함께 즐기자.

3. 모범적인 롤모델 되기

4. 애정 표현하기

5. 공평하기
- 편견이나 성차별적인 표현을 하지 않도록 유의

6. 신나게 놀아주기
- 체면에 신경 쓰지 말고 아이의 행복을 위해 노력하기

7. 존중하기
- 아이를 얕보거나 무시하면 안 된다.

8. 믿을 만한 모습 보이기
- 모호한 말, 반복되는 잔소리는 금물, 아이의 말을 끝까지 듣고 신중하게 논의하자.

9. 인내하기

10. 지지해주기

11. 품위 지키기
- 고운 말을 사용하고 폭력적이지 않게 행동

12. 술 취하지 않기
- 술에 취한 모습을 보이는 것은 좋은 아빠의 모든 조건을 한번에 무너뜨린다.

10. 처음
1학년

한해가 마무리되는 12월의 중순, 초등학교 입학 통지서를 받았다. 친정엄마에게 소식을 전했더니 엄마는 나에게 이렇게 말했다.

"아이고~ 축하한다. 너도 이제 학부모네~"

그렇다. 첫아이가 초등학교에 입학하면 부모들은 학부모라는 새로운 이름을 얻게 된다. 유치원을 졸업하고 새 학기가 시작되기 몇 주 전부터 아이의 입학 준비를 했다. 책가방을 사고 굳이 살 필요도 없는 책상을 사고 입학하고 입을만한 옷가지들도 조금 샀다. 이제 학교에 다니니 유치원 때 입었던 알록달록한 옷 말고 학생스러울 만한 색감의 옷들로 장만했다. 글쎄, 나는 그랬다. 아이가 한글을 완전히 떼지 못한 것, 더하기 빼기를 못 하는 것은 그리 걱정되지 않았고 어떤 선생님을 만날지 어떤 친구들을 만날지가 걱정이었다. 학습은 어차피 때가 되면 속도를 내어 따라간다고 생각하기 때문. 그것이 남들보다 좀 늦어도 괜찮다. 하지만 괴팍한 선생님을 만나거나 얄미운 친구들이 많은 교실이라면 아이는 학교가 싫어질 것이다.

초등학교 시절, 나는 2명의 괴팍한 선생님을 만났다(솔직히 1, 2학년 땐 어땠는지 기억이 거의 나질 않아 제외하고). 3학년, 6학년 때의 담임선생님. 그들은 자기 기분 따라 학생들을 대했기 때문에 늘 무서운 존재였다. 또 노골적으로 촌지를 밝혔고 부모님이 학교를 들여다보지 않는 아이들을 대놓고 차별했다. 나는 차별 당한 아이였다. 아직도 기억나는 몇 가지 일들이 있는데 3학년 때의 일이었다. 숙제를 깜박하고 챙겨가지 못한 나는 숙제 안 한 친구들과 함께(한 10명은 됐다) 교실 앞에 서서 차례로 선생님께 매를 맞았다.

그때 우리 반에 부모님이 교수인 아이가 있었는데 그 친구도 그날 숙제를 내지 않았다. 선생님은 "너는 훌륭하신 부모님이 있는데 이렇게 해서 되겠니? 부모님 이름에 먹칠하는 거야!"라 소리치며 무지막지하게 아이를 때리기 시작했다. 너무나 공포스러웠던 우리들은 벌벌 떨며 맞을 차례를 기다렸다. 선생님은 6명 정도를 때리더니 나를 포함해 남은 4명에게 이렇게 말했다.

"너희들은 때릴 가치도 없다. 나가."

당시에는 체벌이란 것이 당연시되던 시대였으니 때리는 것이야 그렇다 치고, 부모님이 훌륭하시면 자식도 같이 훌륭하게 커야 하니 숙제 안 한 벌을 꼭 받아야 하고 부모님이 그저 그러면 '뭐 굳이, 귀찮게.'라고 생각하는 선생님이었던 거다. 그런 생각으로 아이들을 대했으니 1년 내내 나는 그냥 '관심 밖'의 학생으로 학교에 다닐 수밖에 없었다.

가끔 이런저런 일로 학교가 가기 싫을 때 엄마에게 말을 하면 엄마는 항상 이렇게 말했다. "공부만 하면 되지 뭐가 걱정이야. 나도 공부만 하고 살았으면 좋겠다." 학교에서도 집에서도 내 마음 보듬어 주는 곳이 없었다.

그래서 나는 내 아이가 학교를 마치고 오면 오늘은 어땠는지 물어본다. 기쁜 일이 있었으면 같이 기뻐하고 화가 났던 일이 있으면 공감해준다. 아이의 학교생활을 위해 내가 해줄 수 있는 것은 알림장을 보고 숙제를 봐주고 준비물을 챙기는 것, 매주 월요일 깨끗이 세탁한 실내화를 신기는 것, 매일 마실 물을 보온병에 챙겨주는 것, 담임선생님이 요구하는 서류 등을 곧바로 제출하는 것 그리고 아이의 이야기를 들어주는 것이다. 받아쓰기 몇 개를 틀렸는지 왜 틀렸는지 넌 왜 아직 손가락을 써가며 더하기를 하는지를 묻는 것보다 오늘은 어떤 일이 있었는지 친구들과는 재밌었는지를 물어보자. 처음 1학년이고 그래서 아직은 부모의 손길이 필요하다. 이야기를 듣고 공감하며 보듬고 안아주는 것을 입학했다고 해서 달라질 풍경은 아니다. 입학했다고 '다 큰 애'가 된 것은 아니다. 이제 곧 있으면 겨울방학이고 그렇게 두어 달을 보내고 나면 또다시 새로운 학년이 시작된다. 아이는 자라고 학교생활도 조금씩의 변화가 있을 것이다. 하지만 내가 아이를 대하는 태도는 언제나 변하지 말아야 한다. 부츠를 신고, 두꺼운 외투를 입고, 무거운 가방을 힘겹게 어깨에 맨 채 앞을 향해 뚜벅뚜벅 걸어가는 우리의 아이들에게 언제나 응원의 박수를 보내보자.

11. 긍정의 힘!

공감은 화목한 결혼 생활을 이어 가거나 사춘기의 자녀와 대화를 나누거나 미운 세 살의 말썽을 다독이는데 중요한 요소다. 공감은 다른 사람의 입장에 서고 그 사람의 감정과 관점을 이해한다는 것을 보여주는 행동이다.

-영국의 철학자이자 작가 로먼 크르즈나릭-

몇 해 전, 부모교육을 다녀왔다. 이 지역 시청에서 주관하고 어린이집 연합에서 주최하는 교육이었는데 주제는 [어머니! 지금 자녀를 잘 키우고 계십니까?] 였다. 아이를 잘 키운다는 게 뭘까. 그저 잘 재워주고 때 되면 잘 먹여주고 그럼 되는 건가? 아니면 일찍부터 한글에, 영어에, 심지어 일본어 중국어를 노출 시켜주고, 각종 비싼 교구들로 방을 채워 줘야 하는 건가.

강의의 내용 중에 EBS 방송에서 엄마와 아이가 노는 과정을 지켜보며 진단하는 게 나온다. 방법은, 엄마와 아이가 공놀이를 한다. 아이는 눈을 가리고 공을 던지고 엄마는 그걸 받아내서 얼마나 많이 받느냐하는 건데 공을 많이 받아낸 엄마의 그룹과 적게 받아낸 엄마의 그룹이 생겼다. 원인을 살펴보니 공을 많이 받아낸 엄마들은 공통적으로 눈을 가린 아이에게 "옳지~", "잘한다.","좋아~","힘내" 등등의 긍정적인 말을 하지만, 공을 적게 받아낸 엄마들은 아이에게 "아니, 아니, 그렇게 말고.", "이쪽으로 던져야지!", "앞으로 던지라고~"등등의 강압적이거나 부정적인 언어를 사용한다는 것이다.

이는 실험에서 알 수 있는 것은 평상시에도 별반 다르지 않을 것이란 것. 그만큼 긍정적으로 반응해주는 엄마와 부정적으로 반응해주는 엄마에게서 아이들은 많은 영향을 받는다. 부모의 양육 태도가 아이에게 미치는 영향 같은 것은 육아서 몇 권만 읽어봐도 충분히 알 수 있는 내용이다. 그런데 그게 참 우스운 게 내가 막상 하려면 잘되지 않는다는 것이다. 아이가 하는 걸 가만히 지켜보지 못하고 욱하게 되어서 "그게 아니지!" 라든가 "이거, 이거!" 라고 콕 짚어서 아이가 움츠러들게 만들고 있는 게 부모 자신인 경우가 많다. 아이를 사랑하지 않는 부모가 어디 있겠냐마는 아이가 뭔가를 잘못했을 때 또는 실수 했을 때 아이의 마음을 읽고 잘못된 것을 말해주고 대안을 제시해주는 일련의 일들이 마음처럼 그리 쉽진 않다는 말이다.

이 세상 모든 부모는 분명 초보 시절이 있다. 그 초보 시절에 부모 스스로가 아이의 인성을 위해서 얼마나 많은 관심과 노력을 보이느냐에 따라서 아이들은 떼쟁이가 될 수도 있고 밝고 바르게 자란 아이가 될 수도 있다. 나는 내 친구(나보다 늦게 결혼한 친구, 이제 아이를 키우기 시작하는 친구들)에게 적어도 육아서 3권 정도는 꼭 읽어보는 게 좋겠다고 말한다. 육아서는 육아서마다 약간씩 다른 지침들이 있고 그래서 조금 혼란스러운 경우도 생긴다. 딱 한 권만 읽으면 그저 그게 진리인 것처럼 착각할 수도 있기에,

적어도 3권 정도는 읽어서 그것의 공통적인 지침들을 부모 스스로가 머리와 몸과 마음에 베이도록 하는 것이 좋겠다는 생각에서이다. 나는 10년간 수백 권의 육아서적들을 읽었는데 그것의 주제가 인성이든, 사회성이든, 감성이든 (이 책에서도 지겹게 말하고 있지만) 내용의 핵심은

1. 아이의 마음 읽어주기
2. 공감해주기
3. 대안 제시해주기

였다. 아이가 말을 잘하게 하고 싶으면 엄마가 수다쟁이가 되어야 하고(아이가 아직 어려서 말을 못 알아듣더라도 엄마는 조잘조잘 말하는 것이 좋다), 아이가 책을 좋아하게 하고 싶으면 엄마가 책을 많이 읽고 또 읽어주고 책이 넘치는 환경을 만들어 주면 된다. 아이가 떼쟁이가 되지 않게 하려면 위의 3가지가 핵심인 것 같다.

우리 아이는 떼를 거의 쓰지 않았다. 갑자기 떼를 쓸 때가 올지도 모르겠지만 아직은 그렇다. 물론 고집은 있다. 자기가 하고 싶은 걸 꼭 해야 하기도 한다. 아이가 원하는 것을 주로 들어주긴 하지만 그럴 수 없을 땐,

"엄마가 지금 못 해줄 것 같아. 내일 해주면 안 될까?"

"싫어"

"엄마는 내일 했으면 좋겠는데."

"알았어. 그럼"

이런 식이다. (만 30개월 기준)

　내가 하고 싶은 말은, 이런 예시들처럼 말을 하려면 그냥 쉽게 훅, 나오는 게 아니라는 말. (늘 내가 붙이는 말이지만, 그런 사람도 있다) 육아서를 읽다 보면 사소한 팁이나, 어떤 상황에서의 대처 방법 등이 나도 모르게 내 머리에 각인이 되고, 시간이 지날수록 그것에 익숙해지고 그렇게 행동해야 한다고 생각되기 때문에, 아이가 나를 좀 귀찮게 했을 뿐인데 아이에게 버럭! 소리 지르는 일을 줄일 수 있게 된다는 말이다.

　세상이 변하고 교육관도, 가치관도 변한다지만 여전히

밖에서 아이에게 화를 내는 엄마는 많다. 내 아이가 바르게 자라길 바라는 마음은 분명 있는 엄마지만, 그렇게 아이에게 버럭 거리는 횟수가 점점 많아진다면 내 아이의 바른 인성은 길을 잃어 버리기 쉽다. 아이가 크는 만큼 초보 엄마도 성장해 가는 것이 육아다.

12. 초감정이 뭐죠?

아이가 우는 상황일 때 엄마들마다 느끼는 감정이 다르다. 화가 날 수도 있고 미안할 수도 있다. 아이에게 사랑을 표현하는 말이나 행동, 스킨십이 특히 어려웠던 민하씨는 동규의 우는 모습을 "괴물 같다"고 표현했다. 무슨 이유에서인지 아이가 울기만 하면 화가 나고 우는 모습이 너무 싫다고도 했다. 엄마가 안아주지 않아서 우는 아이를 보면서 '아! 아이가 슬프구나.'라고 받아들이지 않고 '이 아이가 나를 화나게 하네.', '얘가 나를 괴롭히려고 이러는구나.'로 왜곡해서 받아들인 것이다. 민하씨가 느끼는 감정안의 그 무엇, 즉 감정 뒤의 또 다른 자기감정을 심리학에서는 초감정meta-emotion('감정에 대한 감정'으로 감정에 대한 생각, 태도, 관점, 가치관 등을 뜻함)이라고 한다. 자기 안에 있는 '무엇'은 엄마 안에 남아 있는 미해결 과제로 본다. 미해결 과제란 어릴 때 경험 중 완결되지 못했거나 해결되지 않은 감정이다. 어린 시절의 미해결 과제는 초감정에 부정적인 영향을 미친다. 아이가 울 때 단순히 아이의 감정으로 보지 않고 엄마 자신의 감정으로 느끼는 것이다.

-[마더쇼크-김광호, 김미지 저] 중에서 -

'마더쇼크'라는 책을 읽고서 나는 왜 그동안 아이의 울음소리가 그토록 듣기 싫었던 건지 알게 되었다. 나만 그런 건지 아니면 모든 엄마들이 아이 울음소리가 듣기 싫은 건지 사실 그것도 잘 몰랐었다. 나는 그저 아이의 우는 소리가 정말 듣기 싫었고 우는 모습을 한참보다 입을 막으면 될까? 고민한 적도 있다. 내 아이의 울음소리는 정말 컸다. 내 귀에만 큰 건지 그건 모르겠고, 한번 울면 그 소리가 얼마나 큰지 내 귀를 틀어막아도 기어이 비집고 들어와 나를 괴롭게 했었다. 아이가 울 때 민하씨처럼 나도 저런 생각을 했었다.

'얘가 나를 괴롭히려고 일부러 끝까지 우는구나.'

이런 감정들이 '초감정'이었다니. 순간 내가 잊고 지냈던 내 어린 시절 모습들이 머릿속을 가득 채웠다. 우리 엄마는 내가 우는 것을 무척이나 싫어했었다.

내가 울면 엄마는 굉장히 무서운 표정으로 "듣기 싫어. 울지 마." 했었고, 그럼 나는 소리 내어 울지 못해 눈물만 조용히 흘렸었다. 6살, 그때부터 나는 눈물만 흘리는 아이였다. 그래서였던가 보다. 내가 내 아이의 울음소리를 그토록 듣기 싫어했던 이유가. 엄마는 내 울음소리가 듣기 싫어서 나에게 자신이 느끼는 감정으로 나를 대했고 그런 나는 엄마에게 초감정이 대물림되어 내 아이의 울음소리를 거부했던 거다.

이유를 알고 나니 우리 엄마가 이해가 되기도 했다. 연년생 아이 둘을 혼자 키워 내면서 얼마나 힘들었을까. 그 시절 남편이 직장에서 돌아와 아이와 놀아주고 봐주고 하지도 않았을 테고, 넉넉한 집안 살림도 아니었을 테니 여러모로 힘들었을 것이다. 아이 둘이 집안을 어지르고 둘이 싸우고 울고 할 때면 엄마도 다 놓아버리고 울고 싶지 않았을까.

얼마 전 한 매체에서 이런 글을 본 적이 있다.

'아이를 엄마 감정의 수챗구멍으로 만들지 말라.'

우리 엄마도 사는 것이 여러모로 힘들었을 때가 있었을 것이고 그래서 이것저것 다 귀찮았을 때가 있었겠지. 그러니 옆에서 정신 사납게 떠들고 울고 하던 어린 나에게 한 번씩 엄마의 폭발하는 감정을 쏟아부었던 것 아닐까? 엄마 본인이 힘들어 자신의 감정을 추스르기도 힘들었을 텐데 어떻게 어린 나의 감정을 읽어주고 공감해줄 수가 있었겠는가.

나는 내 아이가 울 때, "눈물이나? 슬퍼?"라고 물어본다. 그러면 아이는 자기의 마음을 알아주는 엄마에게 마음을 열고 눈물을 소매로 닦고는 감정을 조금씩 추스른다. 그럼 나는 "엄마한테 얘기를 해봐~" 라고 한다. 물론 나도 사람인지라 매번 이렇게 하진 못한다. 하지만 그렇게 하려고 무던히도 노력한다. 엄마가 너무 화나서 화난 감정을 그대로 폭발해버리면 아이는 그 감정을 고스란히 받고 언젠가 그 감정들을 더 크게 뱉어버릴 것이다. 그럼 엄마들은 망가진 아이의 감정을 또 걱정하게 될 수밖에 없다. 그러니 엄마는 감정을 잘 다스릴 줄 알아야 하겠다. 내 어린 시절에 있었던 감정의 상처들을 아이에게 물려주고 싶지 않다면 말이다.

결혼 전에는 엄마가 정말 이해 안 되는 소리를 할 때 나는 "아, 안 맞아 안 맞아."라고 생각하곤 했다. 그런데 결혼하고 알게 된 것이 있다. 엄마는 내가 인식하지 못했던 여러 가지 일을 한 번에 모두 해내고 있던 사람이었던 것을. 엄마는 계절마다 계절에 맞는 옷, 이불을 꺼내 잘 정리해 놓으셨고 계절에 맞는 반찬을 만들어 우리에게 먹이셨고 각종 공과금, 세금 등을 날짜에 맞게 딱딱 납부했고, 냄새나지 않게 화장실을 매일매일 깔끔하게 청소했으며, 먼지 앉지 않게 내 방 정리까지 해 놓았었다. 나는 그간 몰랐다. 이런 일들이 그저 당연한 건 줄 알았다.

엄마의 삶은, 자신의 몸이 아파도 내 아이 아픈 것이

언제나 우선이었던 삶이었다는 걸 나는 여태 몰랐었다. 엄마는 내 생각은 전혀 묻지 않는 사람이 아니라 내 생각만 하던 사람이었다. 그저 내가 잘되기를 바라는 사람이었다. 우리 엄마는.

13.앵거 매니지먼트를 하라고?

봉제 인형을 준비해서 마음껏 팬다!
고함을 지르면서 종이를 찢는다.
혼자 노래방에 가서 큰소리로 노래를 부른다.

어떤가? 마음속에 쌓여있던 초조함을 마음껏
분출할 수 있을 것 같은 느낌이 들지 않는가?
이런 방법으로 자신의 초조함을 다루는 것을
'앵거 매니지먼트'라고 한다.

- [여자아이 키울 때 꼭 알아야 할 것들] 중에서-

어릴 때 '짱구는 못 말려'란 만화에서 이런 엄마를 본 적이 있다. 짱구 친구 유리의 엄마는 자신의 화를 주체 못할 때마다 봉제 인형을 두들겨 패며 화를 풀었다. 물론 유리가 보지 않는 곳에서 말이다. 이 만화를 보면서 웃기는 엄마라고만 생각했는데 알고 보니 유리 엄마는 현명한 사람이었구나!

내 아이가 2살 때쯤의 어느 날이었다. 그날따라 내 아이는 내 말을 듣지 않았다. 차근차근 설명해도 전혀 받아들이지 않고 멋대로 하는 아이에게 나는 너무나 화가 났다. 그때 갑자기 이 현명했던(현명한 방법인 줄은 몰랐지만) 엄마가 떠올랐다. 나는 방에 들어가 문을 닫고 곰돌이 인형에게 주먹을 마구 날렸다. 잠깐 그러고 나니 속에 꽉 찼던 뜨거운 화가 내 몸에서 순식간에 모두 빠져나간 느낌이 들었다. 후련했다. 이 방법은 화가 날 때 마음을 재빠르게 진정시킬 수 있는 좋은 방법이 아닐까 싶다. 물론 매번 이 방법을 계속해서 쓸 필요는 없다. 나의 경험상, 가끔 이 방법을 쓰다 보니 자연스럽게 화를 다스리는 능력이 높아지게 되고, 더는 봉제 인형에게 화풀이하지 않고 그저 방에 들어가 잠시 숨을 고르는 것만으로도 충분해진다. 나는 최대한 아이에게 감정적인 화풀이를 하지 않으려 노력하는데, 가끔 정말 화가 머리끝까지 날 때는 아이의 눈높이에서 아이의 눈을 맞추고 이야기를 한다. "엄마가 지금 너무 화가 나. 방으로 가서 잠시 있다 나올게." 아이가 어릴 때는 울면서 따라 들어와서 억지로 떼 놓았지만, 이제는 아이도 그런 나만의 시간을 받아들인다.

내 어린 시절 우리 엄마는 무서운 엄마였다. 굳이 그만큼 혼이 나지 않아도 되는 상황인 것 같은데 나는 많이 혼이 났다. 초등학교 3학년 어느 날, 나는 집 열쇠를 잃어버렸다. 그 시절엔 열쇠를 관리실에 맡기기도 했던 때라 열쇠에는 아파트 동 호수가 적혀 있었다. 그러니 열쇠를 찾은 사람이 집 문을 열고 들어올 것이 걱정된 엄마는 나에게 얼마나 불같은 화를 냈는지 모른다. 한참을 그렇게 혼이 나고 눈물을 쏙 빼고 난 후, 전날 입었던 내 옷을 정리하고 있는데 바지 속에 열쇠가 있는 게 아닌가! 맞을 거 다 맞고, 흘릴 눈물 다 흘리고 나서 찾은 열쇠는. 아... 생각만 해도 억울한 일이다. 물론 열쇠를 제대로 관리하지 않고 잃어버렸다고 한 내 잘못도 있다. 하지만 같이 제대로 찾아보고 어디 두고 온 것 아니냐고 이야기를 하는 것이 우선이라고 생각한다. 무작정 아이를 잡는 것은 안 그래도 화나는 일이 있었는데 너까지 짜증 나게 만드냐는 마음으로 분풀이하는 것으로밖에 보이지 않는다.

아이 때문에 화가 난다면 우선 심호흡하고 한 템포 늦게 반응해보자. 마음속으로 숫자를 세며 분노를 가라앉혀보자. 너무너무 화가 나서 이 상태로 아이를 대했다간 폭발하겠다 싶다면 잠시 자리를 피하자. '앵거 매니지먼트'를 해보자.

오늘도 엄마 이야기를 했다. 내 경험을 쓰려다 보니 어쩔 수가 없다. 엄마는 기억도 하지 못할 일을 20년이 더 지난 지금 이렇게 글을 쓰고 있다는 걸 엄마가 아신다면 마음 아파하실 것 같다. 아마 이 글을 읽으면 후회하시지 않을까. 아니면 "내가? 그랬다-고오?" 라고 하시려나.

이제껏 제가 알았던 세상은 뭐였을까요?
잘못 살았던 걸까요?
혼란스럽지만, 괜찮아요.
인생은 원래 이런 것 아닐까요.

제삼장. 혼란스럽지만.

01.엄마의
분노

어떤 부모들은 자신의 분노나 짜증을 참지 못하고 아이에게 그대로 퍼붓는다. 화가 치밀면 '너 같은 애', '이젠 나도 모른다.', '어디든지 가버려.'라는 말을 내뱉는다. 그런 말을 들은 아이의 마음은 어떨까? 아이는 '부모님이 나를 버렸구나.' 하며 부모의 애정에 대한 신뢰를 잃어버릴 것이다. 그것은 넓은 의미에서 학대와 다르지 않다.

- [내 아이 열 살부터 다시 시작하는 엄마 노릇] 중에서 -

몇 년 전 아파트 앞에서 9살쯤 되어 보이는 아이를 혼내는 엄마를 봤다. 그 엄마는 화를 참지 못하고 분노로 가득 찬 얼굴로 이렇게 말했다.

"따라오지 마!"

집으로 들어가던 중인 나는 별생각 없이 엘리베이터를 타고 집으로 왔는데 10분 뒤 아파트 내 방송으로 그들의 다음 상황을 짐작할 수 있었다. 아이를 찾는 방송이었다. 나중에 안 사실이지만, 무서운 얼굴로 따라오지 말라고 말하는 엄마를 따라갈 수 없었던 아이는 그 길로 할머니 댁으로 갔다고 한다. 택시를 타고 말이다. 다행인 건 택시를 타고 갈 수 있는 거리에 할머니 댁이 있었다고. 택시가 아이 혼자 태워주나? 돈은 할머니가 낸 건가? 자세한 상황이 궁금한 동네 아줌마들이 있었지만 정작 중요한 것은 그게 아니다. 따라오지 말라고 말하는 엄마는 정말로 아이를 길바닥에 버려두고 싶었을까? 절대 아니다. 절대 아니라는 걸 어른들은 알지만 아이는 모른다.

'정말 내가 싫구나. 내가 집으로 들어가면 엄마가 화를 내겠구나.'

라 생각할 뿐.

내 아이는 나를 무척 좋아해서 가끔은 내가 아이를 귀찮아한다. 몇 년 전, 온종일 나에게 엉겨 붙어있는 아이에게 "좀 저리 가!"라고 말한 적이 있다. 그때 아이는 정말이지 실망한 얼굴로 이렇게 말했다.

"엄마 나 상처받았어."

아직 아이의 세상엔 엄마 아빠가 큰 존재이다. 엄마 아빠의 날 선 말 한마디에 쉽게 생채기가 나는 것이 아이들이다. 주워 담지 못할 감정 찌꺼기를 툭, 뱉지 말자. 그것은 일순간의 후련함일 뿐이라는 것을 잊지 말자. 분노를 꼭 입으로 내뱉을 필요는 없다. 머리끝까지 화가 나도 결국 나에겐 죄책감, 아이에겐 상처가 된다는 것을 생각하자. 그럼 차오르는 분노를 어떻게 하란 말인가!!
앵거 매니지먼트, 조심스럽게 추천합니다.

02. 선택하는 능력

"결정 장애입니다. 111,222 선택해주세요 ㅠㅠ."

인터넷 카페에서 이런 글을 보는 일은 그다지 어렵지 않다. 하루에도 몇 번이고 이런 글이 올라오기 때문이다. 자신이 선택하기엔 너무 어려우니까 다른 많은 이들의 선택을 믿고 그 선택으로 결정을 하겠다는 뜻인데(어떤 이는 결정'장애'라는 단어도 문제가 있다 보지만 일단 그건 여기서 논외로 하자), 옷 색깔이나 신발의 디자인은 물론이고 아이의 이름도 선택해 달라고 글을 올리는 사람들도 있다. (글쎄, 물론 많은 이가 생각하는 예쁜 이름이 무엇인지 궁금해서 질문하는 것일 수도 있지만, 개인적으로 나는 내 아이 이름을

다른 사람이 선택할 수 있게 하고 싶진 않다)

> 스스로 결정한다는 것은 그 선택이나 결단에 책임을 지는 것이다. 선택한 과자가 맛이 없으면 본인 탓이다. "이거 어때? 괜찮지? 이걸로 할까?"라는 식으로 늘 어머니가 결정을 하면 아이는 뭐든지 어머니 탓으로 돌리는 버릇이 생긴다. 자기 결정, 자기 선택 능력을 갖추게 하는 것은 장래에 정말로 자기가 하고 싶은 일을 선택하기 위한 연습이라고 할 수 있다.
>
> —[외동아이 키울 때 꼭 알아야 할 것들] 중에서—

여기서 잠깐! 아이가 선택하게 하는 것이 중요하지만 그것이 일회성이 되어선 안 된다. 내가 어릴 때 우리 엄마는 거의 모든 것을 본인이 결정했다. 물론 "이게 낫겠지?", "내 생각엔 이게 너한테 더 어울려."라는 말로 나의 선택을 유도하기도 했다. 그러다 보니 점점 나는 굳이 내 의견을 말하지 않게 되었고, 엄마가 하라는 것을 하고 엄마가 입으라는 것을 입고 엄마가 먹으라는 것을 먹게 되었다.

그런데 어느 날, 엄마와 함께 신발을 사러 갔는데 내 눈엔 보라색 포인트가 있는 흰 운동화가 너무 예뻐 보였다. 그날따라 웬일인지 엄마는 나에게 어떤 신발을 살 것인지 물었고, 나는 주저하며 흰 운동화를 가리켰다. 하지만 정작 신어보니 그 신발은 내 발에 너무 꼭 맞아서 오래도록 신을 수 있는 신발은 아니었다. 엄마는 내게 "몇 달 있으면 발이 아플 것 같은데 다른 걸로 사면 안 될까?"라며 딱 한 번 나를 회유했다. 하지만 나는 '이번엔 내 의견대로 사보자.'고 마음먹고 그 딱 한 번의 회유를 거절한 채 흰 운동화를 샀다. 그런데 역시나, 발에 꼭 맞는 신발이다 보니 금세 발이 아파졌고 몇 달도 채 되지 않아 새 신발 같은 그 신발을 나는 더 이상 신을 수 없게 되었다. 그때 나는 후회했다.

'엄마 말을 들을걸.'

일회성일 뿐인 양육 태도는 결국 아이를 더욱 혼란스럽게 만들 뿐이다. 엄마가 나에게 무엇이든 어떤 '선택'을 할 수 있는 기회를 늘 주는 양육 태도로 일관했다면 나는 엄마 말을 듣지 않았던 나 자신을 자책하지도 않았을 것이고, 나 대신 모든 것을 선택해 주어서 생긴 일들에도 '엄마 탓'을 하지 않았을 것이다. (생각해보니 지금 이 순간에도 나는 나를 이렇게 키운 '엄마 탓'을 하고 있다!) 어떤 선택을 내리기까지는 시간이 걸린다. 그래서 그 시간이 주는 지루함을 견디지 못하는 부모는 친절하게도 아이 대신 '선택'해주고 있다. 그런데 그 선택들은 결국 아이를 나약하게 키우는 방법이다. 자신의 인생을 스스로 선택하고 그 선택에 책임을 지는 사람으로 키워내려면 아이에게 기회를 주어야 한다. 그것이 초코 맛인지 바닐라 맛인지를 결정하는 사소한 일일지라도 말이다.

03. 전업주부로 10년을 살았네요.

하루는 장자가 다리를 건너고 있었다.

철학에 조예가 깊은 친구 혜시도 함께였다. 그런데 다리 중간에서 장자가 말한다.

"물고기들이 행복해 보이는군."

철저한 논리학자인 혜시는 자네가 물고기가 아닌데 어찌 물고기의 즐거움을 아느냐고 논리적으로 묻는다. 장자가 답한다.

"나는 물고기가 아니고 자네는 내가 아니네. 그런데 내가 물고기의 행복을 모르는 것을 자네가 어찌 아는가?"

-[생존의 조건-이주희 저] 중에서-

전업주부, 인생의 반은 청소 그리고 온갖 물품관리. 매일같이 바지런히 움직여야 그나마 먼지가 쌓이지 않는 것.

나는 10년을 전업주부로 살았다. 전업주부라는 타이틀을 자의적으로 선택한 사람도 있을 것이고 나처럼 타의적으로 전업주부가 된 사람도 있을 터. 자의적이라 함은 전업주부의 삶에 만족하기 때문에 주부라는 직업을 선택한 것이고, 타의적이라 함은 난 일하는 사람이 되고 싶지만 일할 여건이 되지 않는다는 것이다. 난 타의적인 전업주부, 10년간, 미치도록 일하고 싶다.

결혼 후, 임신함과 동시에 여자들은 고민에 빠진다. 우리 세대 그러니까 '82년생 김지영'이라 일컫는 주부들은 대부분 일을 하다 결혼했고, 그래서 결혼과 임신 출산으로 인한 직장의 변화가 생긴다. 물론 공무원이나 공기업 또는 선생님 같은 직업을 가진 사람들이야 육아휴직을 쓰면 될 일이지만, 그렇지 않은 사람들은 분명 육아휴직으로 몇 달 버티다가 결국은 퇴사 하게 된다. 남편이 한 달에 몇백만 원씩 벌어다 주거나, 도움을 받을 수 있는 든든한 시댁과 친정이 있지 않은 이상 일반적인 가정에서의 전업주부들은 갈수록 돈에 쪼들리고 삶이 힘들어지는 시기가 올 것이다. 아이에게 드는 돈은 생각보다 소소하게 많이 들고 그 외 시댁과 친정에 챙겨야 하는 각종 경조사비도 만만치 않다. 하지만 남편의 수입은 대부분 일정해서 그 수입의 한도 내에서 살림을 꾸려 가야 한다. 결국은 나 자신한테 쓸 수 있는 돈을 점점 줄일 수밖에 없다. 그러다 보면 어느 순간 온전히 나에게 쓰이는 돈, 예를 들어 화장품, 옷(집에만 있더라도 옷은 사야지), 심지어 길 가다 마주치는 별다방 커피 한 잔을 사 먹고 싶더라도 고민하게 된다. 처녀 때는 자주 갔던 미용실도 결혼 후엔 고민만 하다 미루기 일쑤. 결국 나에게만 쓰이는 돈을 쓸 때는 남편이 눈치를 주지 않아도 눈치 보게 된다. 누군가는 "당당하게 써라. 주부도 직업이다. 주부의 수입은 00만 원으로 환산된다." 라는데, 마음은 당당해지고 싶어도 꼭 그렇게 당당히 내 것을 사기가 쉽지 않다. 그냥 내 것 하나 아껴 내 아이 뭐라도 더 해주고 싶고 내 옷을 살 바에 직장 다니는 내 남편의 티셔츠 하나를 더 사게 된다.

모두 다 그런 건 아니겠지만, 내 주변 40대 중반의 한 전업주부는 이제 일을 해야겠다는 생각이 든다고 했다. 결혼하고 아이가 어릴 때는 아이 키우면서 동네 엄마들이랑 같이 다니고 살았는데 그렇게 한 10년 살다 보니 자신한테 남는 게 하나도 없는 것 같다 했다. 엄마들의 멘토, 김미경 작가도 이렇게 말한다. 10년 후의 내가 원하는 삶을 생각해보면 지금 내가 어떻게 해야 할지 답이 나온다고. 10년 후에도 지금과 같은 삶을 원하는지 아니면 10년 후엔 커리어를 쌓은, 사회에서 인정받는, 아이가 자랑스러워하는 직업을 가진 엄마가 되어 있는 삶을 원하는지 말이다(전업주부로 산다고 해서 아이가 자랑스러워하지 않는다는 얘기가 아닙니다). 또 다른 내 지인은 전업주부로 7년째, 자신의 삶에 만족하며 앞으로도 일하지 않고 그냥 남편의 벌어오는 생활비로 아끼며 살 거라 했다. 사람마다 중요하게 생각하는 삶의 척도가 있다. 내가 전업주부의 삶을 사는 것에 만족한다면 전업주부로서 책임과 의무를 다하며 살면 될 것이고, 집안일이 내게는 답답하고 적성에 맞지 않는다고 생각된다면 여건이 되는 한 일을 하는 것이 좋겠다.

나는 장자고, 남편은 혜시다. 이 글을 읽고 나는 그렇게 생각했다. 어쩌면 내가 혜시고 남편이 장자일지도 모르겠다. 남편의 관점에서 말이다. 끊임없이 (사실은 거의 대화가 없을지도 모르지만) 대화하면서도 서로 다른 얘기를 하는 것 같은 기분, 이야기의 핵심은 '이것'이라고 서로 다른 말을 하고 있는 것 같은 기분, 너는 내가 아니면서 나보다 더 날 아는 것처럼 대하고 있는 것 같은 기분. 결국 대화의 종점은 서로 엇나가고 뒤틀려 버리고 만다. 그러고는 설명할 수 없는 복잡한 감정만 남게 되었다. 괜한 자격지심인지도 모르겠지만 나는 종종 그런 생각을 한다.

'남편은 나를 무시한다. 하지만 나는 그렇게 구겨진 자존심을 애써 되찾을 필요가 없다.'

는 생각. 쉽게 말해 남편은 돈을 벌어다 주고 나는 그 돈이 있어야 먹고사는 사람이다. 그러니 싸움에서 끝까지 내 자존심을 세우고 떠들어봤자 남편은 손쉽게 나를 이길 수가 있다. 돈을 안 주면 그만이다. 물론 말도 안 되게 (아니 모르겠다. 남편이 이런 생각을 하는지도. 난 남편이 아니니까 남편의 생각을 모른다) 극단적인 예를 들었지만, 의식적이든 무의식적이든 나는 이런 상황을 늘 염두에 두고 사는 것 같다.

가정주부의 노동을 돈으로 환산하니 뭐니 이게 다 무슨 의미가 있나. 내 손에 직접 쥐어지는 돈은 남편이 가져다주는 돈뿐인데 말이다. 남편의 회사 동료는 가정주부인 자신의 아내가 가장 부럽다고 한다. 자고 싶을 때 자고 쉬고 싶을 때 쉴 수 있어서 좋겠다고 했다. 아마 이런 생각은 그 동료만의 생각은 아닐 것이다. 친정엄마도 나에게 늘 이렇게 말하기 때문이다.

　"네가 뭐가 걱정이냐. 겨우 애 하나 키우면서. 남편이 벌어주는 돈으로 알뜰살뜰 모으면서 살면 되지."

　남편이 벌어다 주는 돈, 편안하게 집안일'이나' 하면서 사는 팔자, 애들'이나' 잘 키우면 되는 사람. 그래서인지 그런 사람에게 들이대는 세상의 잣대는 매우 엄격하다. 얼마가 됐든 남편이 주는 생활비는 아껴 쓰며 저축해야 한다. 어디에 돈을 썼든 간에 생활비가 바닥나는 순간 사치스러운 여자가 된다. 집안 곳곳 어딘가에 쌓인 먼지가 누군가에게 발견되는 순간, 게으른 여자가 된다. 언제 어디든 아이가 아픈 순간, 아이의 건강 하나 제대로 못 챙기는 생각 없는 여자가 된다. 잘못된 모든 것에 대한 비난의 대상이 되어버린다. 사치스럽건 게으르건 생각이 있건 없건, 누가 날 어떻게 보든 말든 왜 신경써? 라고 생각할지도 모르겠다만 나로서는 싫다. 내가 잘했던 모든 것들이 한순간 깡그리 부서지는 것 말이다. 그래서 나는 내내 돈을 벌고 싶어 했는지도 모르겠다. 돈이 필요하니까 돈을 벌고 싶은 마음 그걸 떠나서, 사회에서 인정받고 싶은 마음(우리는 다들 그러라고 교육받고 자라지 않았나), 돈을 버니까 실수를 눈감아 줬으면 하는 마음, 자신 있게 돈을 쓰고 싶은 마음(친정에, 내 화장품에, 내 옷에, 하다못해 기부금에라도) 같은 것들 때문에.

나는 돈을 벌고 싶은데 그러지 못하고, 그래서 돈을 버는 남편을 보며 괜한 자격지심을 갖게 된 것일지도 모른다. 아무리 잘났다고 떠들어봤자 나는 남편을 이길 수 없고(돈을 벌지 않으니까) 그래서 은연중에 남편이 나를 무시한다고 느끼는 것일 수도 있다. 남편과의 대화가 어느 순간 엇나가게 되면 무시하는 듯한(자기는 절대 아니라고 한다) 그의 태도에 나는 약간의 모멸감을 느끼고, 그것은 나에게 '돈을 벌고 싶다.'는 강렬한 욕구를 품게 한다. 결혼 한 순간부터 지금까지, 직업을 갖기 위해 무던히도 노력했다. 거의 모든 것이 물거품이 되었지만, 그래서 아직도 '실패자'지만 그래, 사람 일은 모르는 거니까 하며 스스로 토닥여줄 수밖에. 안다. 돈이 전부가 아니라는 걸. 하지만 내가 지금 하는 얘기는 돈을 많이, 아주 많이 벌고 싶다는 얘기가 아니지 않는가.

가끔 온라인상에서 워킹맘 vs 전업주부 어느 삶이 더 나은지에 대한 쓸데없는 설전들이 오가곤 하는데, 워킹맘과 전업주부를 모든 사람에게 동일한 잣대로 해석해서는 안 될 일이다. 그냥 어떤 것을 선택하든 자신이 그 삶에 얼마나 만족하는지가 중요한 게 아닌가 싶다.

04. 아픈 엄마

나는 산후풍으로 몸이 아팠고, 우울증으로 마음이 아팠다. 그래서 아픈 엄마가 아이에게 얼마나 좋지 않은 영향을 주는지 잘 안다. 그런데 얼마 전 또 도졌다. 만성 인후염. 인후염이 심해지면 목은 물론 코에도 문제가 생기고 머리도 띵하다. 인후염이 만성적으로 오는 이유는 지속적인 스트레스로 인한 무너진 면역체계 때문이라고. 언젠가부터 나의 인후염이 만성이 되어버렸다.

작년 초에는 정말 심각하게 아픈 적이 있었다. 인후염에, 편두통에, 고열, 감기몸살 등이 한꺼번에 몰려온. 그런데 그날 내 아이도 감기가 심하게 걸린 것이다. 나는 어쩔 수 없이 아픈 몸을 이끌고 아이와 함께 병원에 갔다. 나 혼자 아팠다면 그냥 약 먹고 버텼겠지만, 아이가 아프니 주섬주섬 챙겨 갈 수밖에. 대기시간 2시간(종합병원이 아니다!). 그렇게 한참 기다려 진료를 받았는데 의사 선생님은 아이와 나 둘 모두에게 링거를 놓아주었다. 나는 링거를 꽂은 채, 링거 꽂아 칭얼대는 아이를 봐야 했다.

엄마가 아프면 그저 다 귀찮다. 옆에서 조잘거리는 아이의 목소리도 듣기 버겁고 아이가 엎지르는 물에도 평소와 달리 크게 울컥, 화가 난다. 난 좀 그냥 쉬고 싶은 마음뿐인데 그게 그리 쉽지 않다. 그래서 잠시 아이를 혼자 놀게 한 뒤 자리에 누워 있다 보면 그게 또 그렇게 미안해진다.

'오늘 TV 너무 많이 보는 것 같은데... 어쩌지?'

그러다 저녁 시간이 되면 겨우겨우 일어나 휘청거리는 몸을 추스르고는 주방에 가서 저녁거리를 만든다. 물론 대충 한 끼 때울 수 있다. 하지만 나는 지금 며칠 째 아픈 상태라 대충 두 세끼를 이미 때워 버렸다. 그러니 오늘은 뭐라도 제대로 만들어 줘야 한다.

예전의 나는 체력의 여왕이었고(진심) 아파 봤자 1~2년에

한 번 정도 앓아누웠던 적이 있을 뿐 이렇게 자주, 심하게 아프리라고는 상상하지 못했다. 나는 산후풍 + 우울증 + 3년간의 극심한 수면 부족 그로 인한 지속적인 스트레스로 체력이 바닥이 난 것이다. 한 달에 한 번도 안 아팠으면 잘 지나갔다 싶을 정도랄까.

엄마는 건강해야 한다. 건강해지기 위해서 운동도 하고 비타민도 먹고 밥도 잘 챙겨 먹어야 한다. 나처럼 몸 상태가 엉망이 되기 전에 미리미리 말이다. 엄마가 건강해야만 내 아이도 건강히 잘 키울 수 있다는 걸 기억하자.

잠깐, 남편은 대체 뭘 하는 건가. 아내가 아픈데 밥은 좀 하지...싶을 수도 있겠다. 그런데 이상하게 주로 나는, 남편이 출장이나 당직일 때 아프다. 그래서 내 몸 하나 추스르기도 힘든데 온종일 아이를 봐야 하던 날이 수없이 많았다. 우리 아이는 희한하게 약국에서 파는 약으론 낫질 않아 꼭 병원에 가서 진료를 받고 처방전 받은 약을 먹여야 뭐든 나았다. 왜 그럴까? 약국 약은 몸에 안 맞나 보다. 예전에 해열제가 안 들어 좌약을 했더니 금방 열이 떨어졌는데 의사 선생님은 먹는 해열제만 듣는 아기도 있고 좌약만 듣는 아기도 있다 했다. 참, 쉽지 않다 쉽지 않아. 육아란 참 쉬운 일이 아니다.

05.나는 그러지 말아야지.

'나는 그러지 말아야지.'

하고 생각한 것들이 있다. 내가 아이를 낳고 키우게 된다면 엄마처럼 이러지 말아야지 하고 생각한 것 말이다. 우리 엄마는 연년생인 오빠와 내가 잘못했을 때 매를 드셨다. 제일 처음 엄마에게 매를 맞았던 날이 아직도 기억이 난다. 6살 때 우리 집는 어느 2층 주택 옆에 조그맣게 딸린 방 2칸짜리 전셋집에 살았다. 주인집은 외동아들을 키우고 있었고 그 아이는 우리 오빠와 같은 학교 친구였다. 엄마 아빠의 귀가가 늦어진 어느 날, 주인집 아주머니는 오빠와 나에게 자기 집에 와서 같이 저녁을 먹자고 했고 우리는 주인집에 들어가서 밥을 먹었다. 저녁 늦게 집에 돌아온 엄마는 우리가 주인집에 가서 밥을 얻어먹었다는 사실에 크게 화를 내며 매를 드셨다. 왜 그날 그리도 맞는지 그때는 잘 몰랐는데 지금 생각해보면 엄마가 주인집 아주머니와 전날 뭔가 사이가 안 좋은 일이 있었다거나, 아니면 우리가 주인집 아주머니의 휘황찬란한 반찬에 며칠 굶은 아이들처럼 허겁지겁 밥을 먹었을 거라 미리 짐작해서가 아닐까. 그날 밤, 맞아서 울던 나를 안고 엄마는 나보다 더 크게 울었었다. 미안하다면서.

우리가 그 집을 떠나 '아파트'라는 곳에 살게 된 게 그로부터 1년 후의 일이다. 주인집 아들과 우리 오빠가 한바탕 싸운 것이 원인이었는데, 그 이유가 서로 자기 집이라고 우겼다는 것. 그때도 엄마는 울었을 것 같다. 체벌하다 보면 본래의 문제를 잊어버리고 자신의 폭발하는 감정을 아이에게 다 쏟아버리는 일을 저지를 수도 있다. 그러고 나서는 아이를 붙잡고 울 만큼의 죄책감에 시달리고 만다. 나는 그래서, 내 아이를 때리지 않는다. 물론 때리고 싶을 때도 있다. 마냥 떼쓰는 아이의 등짝을 철썩, 한 대 쳐주고 싶을 때 말이다. 그런데 그렇게 하지 않는다. 그러고 싶다는 생각이 드는 동시에 '때린다고 나아질까?', '때려봤자 내 죄책감만 더 커지겠지...'라는 생각이 머릿속을 가득 채우기 때문.

나는 아이에게 '숫자세기'를 하지 않는다.

"얼른 이리 와. 엄마가 셋까지 셀 거야. 하나, 둘! ㅅ"

우리 엄마는 이렇게 숫자를 셌다. 난 그게 너무 싫었다. 엄마는 숫자를 셋까지 세고서도 오지 않는 나에게 엄청나게 화를 내곤 했다. 나는 그냥, 숫자가 무서워졌다. 그래서 나는 아이에겐 숫자를 세지 않고 '기다려줄게.'라 한다.

"네가 왔으면 좋겠어. 엄마는 여기서 기다릴 거야."

기다리다가도 너무 길어지면 안 되니까 시계를 보며 여기까지 기다린다고 말한다. 글쎄... 내 아이는 "기다려줄게."가 싫어지려나? 그건 모르겠다. 더 크면 물어봐야지.

마지막으로 내 아이에게 하지 않는 건 '집에서 보자.'다. 내가 밖에서 떼를 쓰거나 잘못을 저질렀을 때 엄마는 거기서 화를 내지 않았다. 그저 '집에서 보자.'며 그 자리를 벗어났다. 그러면 나는 집에 갈 때까지 내 잘못을 잊고 있거나 속으로 '집에 가거나 말거나~' 라 생각했다. 그러다 점점 집에 가까워지면 내 마음은 안절부절, 집이 무서워졌다.

아이가 밖에서 잘못을 저지르거나 떼를 쓸 때는 그 자리에서 해결하는 것이 좋다. 물론 거리 한복판이라면 약간 비껴진 길로 데려가서 아이의 잘못을 주의 시키는 것이 좋다. 우리 아이가 4살 때, 마트에서 카트를 타지도 않고 걷지도 않고 아빠도 아닌, 오로지 엄마에게 안겨서 가겠다고 고집을 부렸다. 나는 마트의 한 벤치에 앉아 왜 엄마가 안아줄 수 없는지에 대해 차근차근 설명해주었다. 부글부글 끓어오르는 뒤틀린 마음을 꾸역꾸역 억누르면서 말이다. 결국 아이가 내 말을 받아들이고 걷기로 하기까지 20분이 걸렸다. 엄마가 아이에게 한번 안 된다고 한 건 끝까지 안 되는 걸로 지켜주고, 어떤 것이 허용될 때는 다음에도 그만큼 허용이 되게 양육하는 것이 좋다. 엄마 아빠의 일관성 있는 양육 태도가 아이를 혼란스럽게 하지 않는다. 아이가 고집을 부릴 때 안 된다고 했다가 귀찮아서 그냥 '에잇! 그냥 안고 가지 뭐.' 했다가는 '난 조금만 고집부리면 엄마가 다 해 줘.' 라고 인식할 수밖에 없다. 친정엄마의 육아 방식을 나도 모르게 내 아이에게 그대로 전달하고 있을 때가 있지 않은지 스스로 반문해보자. 나는 그때 너무 싫었었던 일인데 내 아이라고 좋을 리가 있겠는가. 엄마 스스로 자신의 양육 태도가 어떤지 잘 돌아볼 필요가 있다.

06. 스트레스에 강한 뇌

　　엄마의 정신건강은 중요하다. 엄마의 모든 감정은 아이에게 그대로 표출되니까 말이다. 화가 난 엄마는 아이가 별 잘못을 저지르지 않더라도 큰 소릴 지르게 된다. 그렇게 되면 엄마의 화가 순간적으로 가라앉거나 화의 에너지가 증폭돼 더 크게 화를 낼 수도 있다. 몇 시간이 지난 뒤 잠든 아이 얼굴을 보는 순간, 화는 엄마의 죄책감이 된다. 매일매일 화내고 죄책감을 느끼며 미안해하고 그러면서 스스로 이게 뭐 하는 짓인가 싶어진다. 화가 난 상태의 내 머릿속은 '화내지 말아야지. 화내면 분명 또 죄책감에 시달리니까 화내지 말자.' 수없이 되뇌지만, 가슴속에서는 부글부글. 급기야 화를 참는 것이 내 정신을 갉아먹는다는 느낌마저

든다.

어떻게 해야 할까.

스트레스에 강한 사람이 되자. 정신건강은 결국 스트레스로부터의 해방 아니던가. 본래 스트레스에 강한 사람들을 제외로 하고 나처럼 소심하고 예민한 사람들에게 스트레스는 시시때때로 찾아오는 불청객이다. 남들이 봤을 때 별것 아닌 일을 당연하리만치 쿨하게 넘기지 못하고 하루 내내 신경 쓰고 기분이 나빠지고 생각의 꼬리를 무는 것. 그건 바로 스트레스다.

[여자의 뇌에서 스트레스를 몰아내는 식사법-미조구치 도루 저]이란 책에서 스트레스에 강한 뇌로 바꾸려면 먹는 것부터 바뀌어야 한다고 한다. 일반적으로 늘 먹는 밥, 빵, 면을 찾지 않고 고기, 생선, 달걀 같은 단백질 위주의 식사를 하고, 비타민A, B, C, D와 철분, 아연을 챙겨 먹으면 스트레스에 강한 뇌로 변한다고. 쉽게 스트레스에 영향을 받지 않는다는 말. 상식적으로도 각종 가공식품이나 밀가루 음식이 몸에 좋을 리는 없지 않나. 생각만으로는 아 이제부터 먹는 걸 가려서 먹어야겠다 싶지만, 이 또한 생각보다 쉽지는 않다. 흰쌀밥은 현미나 잡곡밥으로 바꾸고 그 양도 평소보다 소식하는 느낌으로

먹어야 할 테고 끼니마다 고기나 달걀 같은 단백질을 비롯해 채소와 과일까지 챙겨 먹기가 쉽진 않을 터. 하지만 이참에 한 번 바꿔보자. 먹는 걸 조금씩 신경 써서 먹어보자. 나의 정신건강을 위해서, 엄마의 스트레스 그늘에 있던 내 아이를 위해서. 한번 마음먹고 실천해보자. 쉽지 않은 건 알지만 난 잘할 수 있다고 생각해보고 식단을 신경 써보자. 다이어트는 덤으로 따라올지도 모르겠다. 그렇다면 금상첨화다. 내가 나를 변화시킨다는 것은, 굉장한 정신력을 필요로 하지만 난 강하다고 매일매일 자신을 다독이고 되뇌다 보면 분명 좋은 결과를 이루어 낼 수 있을 거라 본다.

07. 책을 읽는 이유

책은 불안을 잠재운다. 당신도 느꼈을 것이다. 세상 사는 일에 치이고 머릿속이 복잡하고 신경이 예민해져 있을 때 책 읽을 겨를이 없다며 핑계 댈 것이 아니라 도서관에 가서 몇 권을 골라보자. 그리고 안 읽히는 책은 쉽게 지나쳐 보내고 힘들이지 않고도 읽히는 책을 힘들이지 않고 읽어보자. 그 짧은 시간 동안 마음의 불안은 점차 가라앉고 머릿속의 안개는 조금씩 걷히게 될 것이다. 이유는 분명하다. 당신의 내면을 가득 채우고 있던 체험들의 엉킨 실타래가 풀리며 언어로 정리되기 때문에.

- [우리는 언젠가 만난다/채사장] 중에서-

책을 읽는다는 것은, 하루 중 일정 시간을 책 읽는 곳에 투자해야 한다는 말이다. 이를 위해선 평소 즐겨하던 여가생활을 포기해야 한다. TV 시청 시간을 줄이던, 잠을 줄이던, 늘 손에서 놓지 않던 스마트폰을 내려놓든. 나는 텔레비전 시청을 포기했다.

내가 처음 읽었던 책은 디즈니 공주들과 미키 미니가 나오는 디즈니 관련 유아 서적들이었다. 혼자 글을 읽을 줄 알던 시기였으니 아마 8살 때였을 거다. 방문 판매하러 온 영업사원의 말에 솔깃해진 엄마가 한창 책장을 채우기 시작했던 때가 있었다. 디즈니 전집을 시작으로 백과사전, 위인전집을 들여놓았는데 백과사전은 당시 꽤 유용하게 사용했다. 학교 숙제를 백과사전에서 찾아가곤 했으니 말이다. 그런데 아쉽게도 엄마가 나를 앉히고 책을 읽어줬던 기억은 없다. 아무래도 바쁜 워킹맘이었고 책은 혼자 글을 읽을 줄 아니까 굳이 읽어주지 않은 것 같다. 뭐 어쨌든, 엄마의 노력에도 불구하고 나는 어렸을 때부터 책을 좋아하는 아이는 아니었다. 그냥 집에 책이 있는 아이였을 뿐.

본격적으로 책이란 것을 읽기 시작한 건 대학교 2학년 때부터였다. 이건 지극히 개인적인 이야기긴 하지만, 나는 여중 여고를 나왔고 그래서 여자 친구들과의 관계가 쉽지 않다 느꼈다. 여자들끼리 지낸다는 건 머리가 꽤 아팠다. 여자들만의 알 수 없는 미묘한 감정을 알아채고 그에 재깍재깍 반응한다는 게 큰 스트레스가 되었기 때문. 물론 학교 다닐 때 친구를 굉장히 좋아했고 함께 몰려다녔으며 그 때문에 학업을 소홀히 한 적도 있다. 하지만 모든 것이 그렇듯, 양면적이랄까. 그래서 대학교를 가면 여자 친구보다 남자 사람 친구를 많이 사귀어야겠다 생각했고 결국 여자 친구는 정말 친한 친구 한 명, 나머지는 다 남자 사람 친구들과 친하게 지내며 학교를 다녔다. 문제는 2학년이 되면서 그들이 모두 군대를 가버렸고(남자 사람 친구들은 내 걱정을 하기도 했다. 우리가 군대 가면 너는 친구가 없어 어쩌냐고) 게다가 그나마 남은 여자 친구 한 명마저 자퇴를 해버렸다. 그때부터였다. 쉬는 시간이나 공강 시간에 책을 읽기 시작한 것이(멍하게 있을 수가 없으니까. 라떼는 스마트폰이 없었으니까).

어쨌든 이러러러하게 책을 읽기 시작했고, 시간이 지나면서 그 양이 점점 많아졌던 것 같다. 한 권을 다 읽고 나면 작게나마 성취감을 느낄 수 있었고, 평소 알지 못했던 수많은 분야에 대한 지식을 쌓음은 물론 짧은 문장 한 줄에서 깊은 감동을 얻기도 했다. 그래서 책이 좋다 나는.

물론 신생아를 키우면서도 책을 읽었다. 신생아를 키워본 엄마라면 다들 알지 않은가. 잠이라도 제대로 자보고 싶은 마음. 당시 산후풍에 불면증까지 겪고 있었던 나로서는 아기가 잘 때 책을 읽는 수밖에 없었다. 그나마 그것이 내 마음을 바스라지지 않게 만드는 힘이었다고 할까. 주로 육아 관련 서적들을 읽었는데 육아에 집중한 몇 년간 시중에 판매되는 육아서는 거의 모두 섭렵했다고 보면 된다. 새로 알 나는 수십 수백 장의 글로 채워진 책 한 권이 결국은 한 가지 결론을 독자에게 남긴다 생각한다. 그 한 줄 결론이 내 머릿속에 차곡차곡 쌓이게 되면 책을 읽은 만큼 생각도 깊어질 거라 믿는다. 그래서 나는 오늘도 책을 읽는다.

(여러분도 지금 읽고 계시군요! 멋져요!)

08. 결혼한 것이 문제였을까?

결혼은 밖에 있는 사람에겐 천 개의 빛나는 거울이지만 안에 있는 사람에겐 천 개의 조각으로 깨진 거울이다. 그 거울이 산산조각 난 뒤 자신의 심연에로 회귀하는 길을 잃고 종교, 사교 활동, 쇼핑중독, 새로운 직업, 자식의 가능성 계발하기 등에 필사적으로 매달리는 사람들을 보는 일은 드물지 않다.

- [일상의 인문학-장석주 저] 중에서 -

결국 결혼이라는 것은 우리가 익히 잘 알고 있던, 또는 꼭 그럴 것 같은, "왕자와 공주님은 결혼해서 행복하게 살았습니다." 따위의 뻔-한 결말만은 아니라는 말이다. 이제 겨우? 결혼 12년 차 주부로서 '결혼'을 정의한다는 것 자체가 웃기는 일이지만 뭐랄까, '결혼 생활을 10년 정도 겪어본 자의 느낀 점' 정도라고 생각하면 좋겠다. 나의 지인은 결혼을 이렇게 정의했다.

'수건을 개는 방법으로도 치열하게 싸울 수 있는 것.'

남녀는 서로 다른 환경 속, 자신의 방식대로 20~30년을 넘게 살아왔고 그렇기에 당연히! 사소한 것 하나조차도 다른 방법으로 해석하고 해결하려 한다. 그러니까 부부란, 자신만의 방식을 내려놓고 상대방을 배려하며 서로의 다른 점을 인정하며 살아야 하는 것(그리고 약간의 포기도 필요하다).

결혼 후 아내는 집안일과 동시에(일하는 엄마든, 전업주부든) 육아를 병행한다. 남편은 그야말로 숟가락을 얹는 정도의 도움을 줄 뿐(차츰 나아지긴 하지만 개선 속도는 여전히 느리다). 아직도 제 아들이 손주의 똥

기저귀를 갈아주는 걸 탐탁지 않아 하는 시어머니가 계시고, 퇴근하자마자 회사에서 힘들었다며 '나도 좀 쉬자!' 육아는커녕 집안일에도 손가락 까딱 않는 남편도 많다. 결국 아내들은 '내가 미쳤지.', '내가 지금 뭐 하는 거지.', '이렇게 살려고 빠득빠득 등록금 뿌려가며 학교를 나왔나.' 등등의 생각이 들기 시작하고, 이것이 심해지면 애써 세워놓은 자존감이 뿌리째 흔들리기도 한다. 답이 없어 보이는 이 문제의 해결 방법은 상대방을(남편을) 인정하거나 일정 부분은 포기하고 사는 것이 아닐까?

나는 남편이 회식하면 일찍 들어오라는 말을 하지 않는다. 일찍 들어오라고 시간마다 전화해봤자 일찍 들어올 사람이 아니기도 하지만, 오랜만에(다행히 남편의 회사는 회식이 잦지 않다) 갖는 술자리의 흥을 깨고 싶지 않기 때문이다(남편도 일상의 즐거움 정도는 있어야 하니까 말이다). 으레 알아서 들어오겠거니 하고 생각하는 것이 속 편하다(물론 남편이 외박을 밥 먹듯이 하는 사람이라거나 취하면 정신 못 차리고 흥청망청 쓰는 사람이라면 얘기가 달라진다). 또 남편에게 쓰레기를 버려달라고 하지 않는다. 어차피 손에 들려주지 않는 이상 잊어버리기 때문에 그냥 내가 버린다. 이런 사소한 걸 알아서 해주는 남편이면 참 좋겠지만 그렇지 않다고 해서 내가, 굳이, 매번! 말하면 내 입만 아플 뿐. 남자들은 집에서 아내가 이것저것 말하는 것의 대부분을 잔소리로 들어버리고, 또 그 잔소리가 많다고 생각되면 집에 오는 시간을 되도록 늦춰버린다(그런 걸 보면 남편을 큰애라고 말하는 어르신들의 말씀이 틀린 말은 아닌 것 같다). 물론 집안의 중요한 일은 항상 의논 하는 것이 좋겠지만 소소한 것들은 남편의 성향에 따라 스킵하는 것도 나쁘지 않다. 서로에 대해 인정할 건 인정해주고 또 포기할 건 포기해주고 남편이 아내에게, 아내가 남편에게 거는 기대치를 조금 낮추면 생각보다 다툴 일은 그리 많지 않을 것이다.

좀 웃기는 이야기지만, 나는 아주 어릴 때부터 독신을 꿈꿨다(20대 후반까지도). 드라마에선 부부가 늘 싸우고, 교양프로에선 아이가 어딘가 아프다. 어린 나는, '굳이 왜 결혼해서 싸우고, 아픈 아이를 힘들게 돌봐야 하는 걸까.'생각했다. 결혼을 안 하면 저런 머리 아픈 일들은 겪을 필요가 없을 텐데 하고 말이다. 지금 생각해보면 독신으로 산다는 것은(물론 그에 따른 힘든 부분도 있겠지만), 그만큼 온전히 나 자신에 집중할 수 있어서 좋은 것 아닐까. 결혼과 육아는 분명 희생이 따르니까 말이다. 아이가 울어 화장실 하나 내 마음대로 못 가는 걸 희생으로 쳐 준다면 엄마의 삶은 희생의 연속이라 해도 틀린 말이 아니다.

09. 배우자의 조건

홀어머니의 외동아들이 아닌 사람, 장손이 아닌 사람, 안정적인 직업을 가진 사람, 시누이가 2명 이상이 아닌 사람, 아들 집착이 없는 어머니를 둔 사람, 마마보이가 아닌 사람, 효자가 아닌 사람, 연봉은 되도록 높은 사람, 키는 180cm 가까이 되는 사람, 몸무게는 그 키에 알맞은 사람(고로 적당히 탄탄하고 건강한 몸을 소유한 사람), 얼굴은 굳이 잘 생길 필요는 없는 사람(얼굴값을 할 테니), 나만 사랑해 주는 사람, 또 뭐였더라.

이 모든 것은 10년 전, 내가 바라는 배우자의 조건이었다.

명백하게 결혼을 안 하겠단 소리다. 사실 정말로, 나는 평생 독신을 꿈꾼 사람이다. 혹시나 어쩌다 결혼하게 된다면 저 모든 조건 정도는 가뿐하게 맞춰줘야 결혼이란 걸 하겠다고 생각했다. 지금 생각해보면 그저 또르르.

살다 보니 배우자의 조건이란 참, 뭐랄까, 별거 없다는 생각이 든다. 물론 나를 사랑하고 나도 상대를 사랑한다는 것이 배우자 선택의 기본이지만 그걸 전제하에,

남편의 조건 :
폭력, 도박, 외도, 마약, 알코올중독, 감당 못 할 빚보증을 포함한 대책 없는 경제 개념 탑재, 오로지 자기만 아는 최강 욕심꾼, 다른 아내와 끝없이 비교하며 아내의 자존감을 짓밟는 새치 혀

아내의 조건 :
폭력, 도박, 외도, 마약, 알코올중독, 쇼핑중독을 포함한 대책 없는 경제 개념 탑재, 남편의 ATM 기계화, 자녀 방임(주 양육자라는 전제하에서), 끝없이 다른 남편과 비교하며 남편의 정신을 갉아먹는 마녀

만 아니라면 다 거기서 거기가 아닐까?

나를 포함한 주변의 부부(신혼 제외)들을 보면 대부분 비슷하다. 아내가 워킹맘이든 전업주부든 상관없이 아침 식사를 포함한 집밥 해주기를, 돈 쓰지 않기를, 돈 벌어오기를, 시댁에 잘하기를, 아이를 책임지고 잘 키워내기를 바란다. 남편이 돈 많이 벌어다 주기를, 아이 목욕 정도는 알아서 척척 시켜주기를, 아이와 활기차게 몸으로 놀아주기를, 간단한 살림 정도는 거들어주기를 바란다. 물론 다 그런 건 아니다만, 보통은 서로에게 무언가를 바란다. 어떤 부분에 있어서는 분명 자신의 배우자가 남들보다 잘하는 것이 많을 텐데 무조건 못하는 어떤 것에 초점을 맞추고 상대방을 본다. 내가 원하는 것을 입이 닳도록 말해도 눈에 띄게 변하는 것은 없을 텐데 말이다. 결국 불만이 쌓이고 비난이 늘어나고, 상대방을 원망한다. 사실 상대방을 자신이 생각하는 틀에 맞게 바꾸기란 쉽지 않다. 나 아닌 '남'을 바꾸는 게 어디 쉽겠는가.

'남'을 바꾸는 것에 에너지를 쓰지 말고 '나'를 바꾸는 것에 집중하면 오히려 편해진다. 어차피 내가 선택한 배우자다. 다행히도 '거기서 거기인' 배우자가 분명하다면, 쓸데없는 에너지를 낭비하지 말자. 큰 사건 사고 없이 내 옆에 있는 평화로운 지금, 우리의 일상에 감사하는 마음을 갖자. 불평, 불만, 비난, 급기야 저주를 퍼부으며 살기에 인생은 너무 길고 또 혹은 너무 짧다. 눈을 감는 마지막 순간, 절대 되돌릴 수 없는 지난 내 인생을 후회하고 싶지 않다면, 감사하는 마음으로 관대하게, 유연하게 서로를 바라보자.

10.정말로 남편은 '남의 편' 인가?

남편.

다른 말로 남의 편.

다른 말로 아이 아빠.

다른 말로 시어머니 아들.

다른 말로 아주 가끔 내 편.

처음에는 남편이 남의 편이라는 말을 믿지 않았다. 신혼 때 말이다. 신혼 기간이 아이 임신 기간과 거의 같았기 때문에 예민한 신경의 나는 남편과 자주 다퉜고 다툴수록 내 마음을 이해해주지 않는 남편을 보며 이런 생각을 했다.

'아, 이래서 남의 편이라 하는구나.'

여러 가지 에피소드 중, 가장 결정적으로 내 편이 아니라는 걸 느낀 적이 있는데 그것은 바로 시댁과 관련된 일이 터졌을 때였다. 이것저것 다 빼고 딱 한 가지를 적어 보자면 앞에도 여러 번 썼듯이, 나는 친정에서 떨어져 타지에서 아이를 키웠다. 남편의 잦은 출장으로 거의 혼자, 아이를 키웠다. 몸도 마음도 힘든 건 둘째치고, 혼자라 외롭고 답답했다. 아이 때문에 잠은 못 자고 그렇다고 스트레스를 풀 곳도 없고. 그러던 와중에 남편의 막내 이모가 연락도 없이 우리 집에 들이닥치곤 했는데 그 이유는 '조카도 없이 고생 할까 봐.'였다.

'어차피 와서 하는 것도 없는데. 내 걱정이 그리되면 전화를 하고 오시던지. 전화번호를 몰랐다는데 모르면 자신의 언니(시어머니)나 조카(남편)에게 물어보면 되지 않나?'

　나는 점점 극도로 스트레스를 받았다. 물론 매일 오시는 건 아니다. 하지만 언제 올지 모른다는 불안감을 매일 안고 살았다. 그것이 너무 싫었다. 아이 때문에 밤을 지새우고 아침 7시나 8시쯤 겨우 눈 붙여 10시쯤 일어나는 판국에 그때 벨을 누르고 문밖에 서 있는 시이모를 볼 때면 나는 정말이지 미칠 노릇이었다. 처음에는 '연락하는 걸 깜박하셨나 보다.' 싶었다. 두 번째 오셨을 때는 '다음에는 연락 하시겠지?' 세 번째 오셨을 때는 '오시지 말라고 말을 해야 하나, 연락을 미리 하시라고 말해야 하나.' 직접 말씀은 못 드리고 혼자 끙끙 앓다가 너무 괴로웠던 나는 남편에게 하소연했고 남편은 이런 나에게 이렇게 말했다.

　"이모가 올 수도 있지 뭘 그거 갖고 그러냐."

　올 수도 있지? 올 수도 있지 라니! 요즘은 시어머니도 연락 없이 들이닥치면 싫어하는 시대인데 시어머니도 아니고 시이모라니. 시 이모라니!!! 자꾸 한숨이 나온다. 생각하는 것 자체가 그냥 온몸에 힘이 쫙 빠졌다. 그때 받았던 스트레스와 감정들은 그 후 몇 년간 나를 괴롭혔다. 물론 당시 상황이 시 이모님이 집으로 들이닥치는 것뿐 아니라 여러모로 내게 미칠 상황들이 많았다. 매일매일 괴로운 날들의 연속이어서 내가 나를 어떻게 해야 할지 정말 몰랐었던 때다. 남편이라도 내 편에서 말 한마디 해 줬으면 덜 힘들었을 텐데. 어쨌든 여기서 중요한 사실, 남편은 이모 편을 든 거다. 그러니 내 편이 아니고 남의 편.

원래 남자들은 여자가 이것저것 이야기를 하면 그 이야기에 대해서 뭔가를 해결하려 한다. 해결할 필요 없고 그냥 들어주고 공감만 해주면 되는데 말이다. 차라리 벽을 보고 말할까? 싶은 기분(그래서 내가 혼잣말이 좀 늘었나?). 어느 날부턴가 나는 포털 사이트의 한 게시판을 읽게 됐고, 가끔은 그 게시판의 글을 보며 삶의 위안이 찾기도 했다. 내 인생이 이 정도는 아니라서 다행이구나 싶어 마음을 쓸어내린 적도 많다. 세상에는 정말 많은 사연이 있고 '나는 그 정도는 아니구나, 지금 내가 행복한 거구나.' 현재에 감사하며 사는 것이 정답이라고 느낄 때도 있다. 내 편이 되어 주지 않을 때가 있는 남의 편이지만 적어도 도박, 외도, 폭행, 각종 범죄와 관련된 일들을 하는 남편은 아니니 그나마 다행 아닌가 싶기도 하니까 말이다. 아니면 꼬박꼬박 생활비를 벌어주는 남편에게 그저 감사하며 사는 것이 맞을 수도 있다.

11.친정 엄마

나의 주 양육자, 엄마. 엄마를 생각하면 뭐랄까. 마음이 복잡해진다. '디어 마이 프렌즈'라는 드라마에서 완(고현정)은 이런 독백을 한다.

'나는 엄마가 불편하다.'

딸에게 엄마는 '가끔'이라도 불편한 존재란 사실에 공감했다. 나도 알고 있다. 엄마가 나를 키우기 위해서 얼마나 많은 희생을 했으며 자신을 잊고 살았는지를. 그런데도 나는, 엄마가 그때 왜 나에게 상처를 주었는지, 왜 나를 더 보듬어 주지 않았는지를 생각한다. 우리 엄마는 사소한(어린 나의 기준에서) 일에도 쉽게 화를 냈고, 다른 아이들과 수도 없이 비교했으며, 과도한 자립심을 강요했다. 설거지를 해 놓는데도 싱크대의 물기를 닦아 놓지 않았다고 화를 냈고, 사촌 언니의 모든 것과 비교했으며, 10살이면 이미 다 큰아이라고 생각한 엄마는 그때부터 대부분의 일을 내가 알아서 하길 바랐다.

우리 엄마는 내가 유치원을 다니는 6살, 그때부터 일하기 시작했다. 같은 직장을 수십 년째 다닌 것은 아니었지만, 그 '일'이라는 것은 내가 대학교를 졸업할 때까지도 계속되었다. 아침 일찍 자전거로 출근하던 엄마는 뒤에다 나를 태우고 유치원 앞에 내려다 주었다. 나는 유치원에서 친구들과 놀다가 마치고 나면 터덜터덜 혼자 집으로 걸어갔다. 너무 오래되어서 거리가 얼마나 되는지 기억은 안 나지만 어쨌든 가까운 거리는 아니었던 것 같다. 그렇게 빈집에 혼자 있다 보면(뭐하고 혼자 있었는지 기억도 안 난다) 학교를 마친 오빠가 집에 왔고 그럼 오빠와 둘이서 몇 시간을 놀았다. 동네 친구를 불러 집에서 놀기도 했고, 우르르 뒷산에 함께 올라가기도 했다. 저녁 늦게 엄마가 오면 대충 밥을 먹고 또 좀 있다가 잠을 자고. 뭐 그런 하루의 연속이었던 것 같다. (아버지는 새벽에 나가고 밤늦게 들어와서 슬프게도 아빠와의 추억이랄 것은 거의 없다) 그렇게 나는 학교에 입학했고 그럭저럭 적응하며 지냈다. 물론 여전히 엄마 없이 학교에 갔고, 학교에서 돌아왔다. 심지어 6학년 새 학기, 전학 첫날에도 엄마 없이 혼자 학교에 갔는데 돈 밝히기 좋아하던 담임선생님은

"넌 전학을 혼자 오니?"

라면서 비아냥댔다.

나는 언제나 엄마의 보살핌을 원했지만, 엄마는 늘 바빴다. 엄마는 그것이 다 너희를 위한 일이라고 얘기했다. 다 그렇게 사는 거라고도 했다. 뭐, 그 시대(80~90년대)를 생각하면 그럴 것도 같다. 그래서 이해는 한다. 아니, 엄마를 이해하려고 한다.

'엄마'를 떠올릴 때 엄마도 '소녀'였구나 싶을 때가 몇 번 있다. 엄마는 기분이 좋을 때면 클래식 음악 테이프를 틀어 놓으며 청소를 했고 가끔은 시장 입구에서 파는 예쁜 꽃을 사서 집에 꽂아두기도 했다. "엄마 왜 꽃 샀어?"라고 묻는 내 질문에 "응, 오늘은 기분이 좋아서."라고 대답했었다.

엄마는 좋은 사람이지만, 자기감정을 그대로 드러냈다. 화를 내고, 짜증을 내고, 분풀이하고, 또 좋을 때면 웃어주었다. 엄마가 좋은 사람이라는 건 분명하지만, 내 어린

시절의 엄마는 점점 나에게 '좀 불편할 수밖에 없는 사람'이 되고 말았다.

그래서 나는 내 아이에게 그러지 않으려고 많이 노력한다. 내 아이에게 나와 같은 마음의 상처를 주고 싶지 않기 때문이다.

"엄마, 엄마 옛날에 별것도 아닌데 나한테 화내고 그랬잖아. 기억 안 나?"

라는 말을 아이에게서 듣고 싶지 않다. 내 기분대로 화를 내거나 소리 지르지 않으려 노력하고, 많이 놀아주고, 많이 안아준다. 고마워, 사랑해, 미안해, 괜찮아?, 속상했어?, 괜찮아~ 라고 말하는 것을 어려워하지 않는다. 누가 나에게 '육아'를 가르쳐주지 않으니까 혼자 책 읽고 마음에 새기고 또 책을 읽는다. 그리고 매일같이 그 수많은 책 속의 위대한 엄마들을 따라 하려고 노력한다.

육아는 뱃속의 콩알만 한 점일 때부터 건실한 성인이 될 때까지 끊임없이 새로운 날, 새로운 과제의 연속이다. 그래서 매일 노력해야 한다. 잠시 주춤하거나, 아 몰라, 될 대로 되라는 식은 위험하다. 가끔 내 아이가 나에게 이렇게 말할 때가 있다.

"엄마, 엄마가 내 엄마라서 너무 행복해~~"

그럴 때면 나는 '아, 다행이다. 내가 잘하는 거구나.' 라 생각한다. 나 이외 다른 사람에게 내가 하는 일에 대해서 정확한 피드백을 받을 수 없는 것이 주부 그리고 엄마다. 가장 가까운 남편들조차 마누라를 탓하며 핀잔주기 바쁘지 않은가. 그런 나에게 이렇게 달콤한 말을 해주다니, 어쩐지 상을 받은 느낌이다.

12.관계의 미학

우리는 태어나면서부터 다른 사람과 관계를 맺고 살아간다. 가장 먼저 부모와 자식 간의 관계를 시작으로 할머니, 할아버지를 포함한 이름도 잘 모르는 먼 친척까지 점점 그 관계는 확대된다. 타인과의 관계는 어린이집이나 유치원 아니, 요즘은 문화센터(더 나아가 산후조리원까지)가 그 시작이 될 수도 있다. 초, 중, 고교를 지나 대학에 이르기까지 이른바 '조금 작은' 사회에서부터 한계조차 불분명한 거대한 전쟁터 같은 진짜 사회까지 아군이 될지, 적군이 될지도 모르는 타인들과 어영부영, 약간은 불편한 관계를 맺으며 살아간다. 그러면서 우리는 그 속에서 코끝 찡- 뭉클한 정을 느끼거나, 이리 치이고 저리 치여 "에잇!

다시는 안 봐!" 냅다 소리 지르며 관계를 끝내기도 한다.

'결혼'이라는 것은 이러한 '인간관계의 무한증폭'을 뜻하는
또 다른 말이 아닌가 싶다. 누군가 말했다. 결혼은 1:1이 아닌,
1:100의 관계라 했다. 생각해보면 그 말이 정답이 아닐까?
나는 결혼을 통해 '남편'을 얻었는데 그와 동시에 한 여자의
아내, 시부모님의 며느리, 시 조카에게 숙모, 누군가의
형수님 또는 제수씨, 그리고 엄마가 되었다. 갑작스럽게
너무나 많은 이들과 한꺼번에 관계를 맺게 된 것이다.
그것은 굉장히 혼란스럽고 때로는 난감하기도 하다. 그 중,
가장 어렵게 생각되는 관계는 단연 고부간의 관계. 요즘
세상에 시어머니가 며느리를 '딸 같이 여긴다.' 는 말은 가장
납득하기 어려운 거짓말이 아닌가.

아직 미혼인 결혼 적령기의 여자들은 '나는 시어머니와
사이좋게 지낼 거야.' 또는 '우리 시어머니는 다를 거야.' 또는
'내가 더 잘 해드려야지.' 하며 꿈에 부풀기도 한다. 하지만
대부분 시어머니와의 관계에서 오는 불편한 현실에 이내
와르르 무너지고 만다.

어느 책에서 시어머니를 그저 ' 옆집 아줌마'로 생각하며
대하는 것도 한 방법이라 했다. 간섭하는 잔소리도 그냥

여느 다른 사람들이 나를 걱정하듯 하는 소리라 여기라는 것. 그런데 그것이 말처럼 쉽지는 않다. 쉽게 말해 잔소리하는 친정엄마에게 '아유 좀! 내 마음대로 할 거야!!' 라 말할 수는 있어도 시어머니에게 '제가 알아서 할게요.'라는 말이 쉬이 나오겠느냔 말이다. 글쎄, 내 생각에 고부간의 갈등은 워낙 여러 가지로 다양하게 표출되는 일이라 지금 당장 뭐라 딱 정의를 내리기는 어렵다. 한 20년쯤 결혼생활을 하다 보면 알게 되려나.

보통 여자들은 결혼 전후로 주위의 인간관계가 정리된다고 한다. 틀린 말이 아니다. 나 같은 경우에도 결혼 전 자주 만났던 이성 친구들과 대부분 연락이 끊겼고, 개념 없는 말만 뱉어내던 동성 친구들과도 점점 멀어지게 됐다. 결국 내 주변엔 친구라고는 몇 안되 손에 꼽을 정도. 특히 친구보다 먼저 결혼, 출산을 하는 바람에 대화 주제 자체가 서로 맞지 않았고, 그러다 보니 누구에게도 내 이야기를 쉽게 털어놓을 수가 없었다.

아이를 낳으면 대부분 내 아이와 비슷한 또래의 아이를 가진 엄마들과 어울린다. 대화 주제는 아이. 거기서 조금 더 친해지면 남편, 시댁 이야기를 하며 폭풍 공감대를 형성한다.

인간관계라는 것이 삶에 있어 가장 감당하기 힘든 시련을 주는 일도 제법 많다. 그렇기에 우리는 어떻게 하면 그 관계들 속에서 유연하게 살아갈 수 있을지를 늘 고민해야 한다. 나도 너도 서로를 상처 내지 않을 만큼의 거리를 두고 말이다(사회적 거리두기가 여기서도 필요하다). 어렵다. 어렵다. 관계 속에서 미학을 찾기란 여간 어려운 일이 아니다. 매일 살을 부대끼며 사는 남편과의 관계는 어떤 게 정답일까. 나는 그렇게 생각한다. 남편이기 때문에 돈을 벌어 오는 것이 당연한 일이 되는 것은 아니며, 남편이니까 당연히! 가정에 온전히 충실할 필요는 없다. 내가 내 가정을 위해 희생하듯 남편도 우리의 가정을 위해 희생하며 살고 있을 터. 남편도 나도 서로를 위해 배려하는 마음을 늘 갖고 살아야 한다는 것이 중요하지 않나 생각한다.

하루 30분, 매일 산책 해 볼까요?
새로운 생각이 우리의 삶을 더욱 풍요롭게 해줄 거예요.

제사장_매일 새로운 생각

01.선녀와 나무꾼

처음엔 자기 배 아파 둘씩이나 아이를 낳고도, 남편이라는 사람과 지상에 정을 못 붙여 하늘나라 친정으로 올라간 선녀가 야속하기도 하고 그 마음은 어떨까 싶기도 했는데, 가만 생각해보면 이 나무꾼이란 놈이 미친놈 아닌가. 목욕하는 선녀 옷을 훔친 절도를 저지르고도 뻔뻔하게 아이 셋을 낳아주면 옷을 준다니! 협박해 강제적으로 성범죄를 저지른 다음, 출산할 때도 친정 부모님 없이 홀로 낳게 만들고. 가진 재산이 많이 있나, 직업이 좋길 하나? 착한 심성? 착하다는 사람이 범죄를? 사랑? 아무 옷이나 집어 놓고 무슨 사랑.

아이 둘을 안고 하늘로 올라가는 선녀의 마음은 어땠을까. 속이 시원할까. 드디어 저놈에게서 벗어나는구나 싶었을까. 그래도 내 자식은 내가 키운다는 책임감 안고 아이들과 하늘로 간 선녀. 가만 보면 동화라는 게 참, 희한하다.

02.메디슨 카운티의 다리

'메디슨 카운티의 다리'라는 영화를 처음 본건 중학교 3학년 연합고사를 치른 후였다. 늘 그렇듯 시험이 끝나 할 일 없는 중3을 위해 학교에서 틀어준 비디오. 그때 막 비디오가 출시되어서 틀어준 건지 아니면 뭐 그나마 이게 볼만 해서 틀어 준 건지는 모르겠지만, 중3인 우리에게 여자주인공 아줌마는 참, 바보 같았다.

왜 사랑하는 그 사람의 차를 타지 않았을까.
왜 그냥 무료한 일상을 택한 걸까. 바보 같아.

하지만 얼마 전 다시 본 그 영화에서 나는 좀 더 현실적인,

그러니까 그 주인공 아줌마의 선택이 맞는 것이었다는 생각을 했다.

영화의 내용은, 어느 시골 마을 아들, 딸 하나를 둔 중년 여성의 이야기다. 무료한 하루하루의 연속이던 어느 날, 근처의 한 마을에서 열리는 대회에 참가하기 위해 남편과 아이들이 며칠간 집을 비운다. 그녀는 실로 오랜만에 혼자만의 시간을 만끽하고 그러던 차에 처음 보는 중년의 남자가 와 길을 묻는다. 그는 유명한 잡지의 사진작가. 그녀는 길을 설명하는 게 복잡해 그가 찾는 곳에 직접 데려다 준다. 사진 찍기 좋을 날씨가 아닌 탓에 그는 그곳에 며칠 더 있게 되었고, 둘은 함께 시간을 보내다 서로 사랑에 빠진다. 짧은 시간에 깊이. 며칠 후 가족들이 집으로 돌아오게 되고 그녀도 일상으로 복귀. 그는 그녀가 남편과 아이, 무료한 삶을 모두 버리고 자신의 차에 타기를 기다리지만, 끝내 그 차를 타지 않고 현재의 삶을 선택하며 영화는 끝나게 된다.

중학교 때는 왜 주인공이 사진작가의 차를 얼른 올라타지 않았는지 반 친구들 모두가 아쉬워했는데 지금 보니 그 마음을 충분히 알겠다. 아이를 키우는 보람, 사랑하는 남편? 그게 뭔지 잊은 채 무료한 살고 있지만, 이 모든 것을 버리고 자유로운 영혼의 그를 쉬이 따라갈 수 있을까. 이게 진짜 사랑인지 지루한 일상 잠깐의 뜨거운 바람인지 그것조차도 판단하기 쉽지 않았을 것.

영화에도 나오지만 그는 죽을 때까지 그녀를 그리워했고 죽고 나서도 화장해 그녀를 만났던 그곳에 뿌려 달라 유언한다. 그런데 생각해보면, 글쎄 그녀가 모든 걸 버리고 자신을 따라갔다 한들 평생을 그렇게 사랑하며 살아갈 수 있었을까? 현실적으로 보자면 내 생각엔 아마 한 1~2년 살다 또 무료해져서 서로 데면데면, 결국은 헤어지고 뭐 그렇게 되지 않았을까. 서로 사랑하지만, 함께 할 수 없었기 때문에 간절하게 그리 오래도록 그리워했던 건 아니었을까.

40대, 중년의 삶이 그런 것 같다. 젊었을 때, 결혼 진에는 연애하고 헤어지고 연애하고 헤어지고, 뭔가 삶이 다이나믹? 한데 결혼 후에는 그런 (사랑의 설렘과 이별의 고통이 담긴) 다이나믹 함이 없다. 정말 이 사람이다 싶은 사람과 결혼을 하고 그 사람과 나를 닮은 아이를 낳고 키우고, 아 이게 삶인가를 느끼며 적응해서 또 살고. 그러다 보면 어느덧 아이는 커버리고 더는 뭔가를 해주지 않아도 될 만큼 알아서 잘하고(또는 반항하고) 돌아보니 시간이 이만큼 흘러

버렸구나... 나는 또 이만큼 늙어 버렸구나...라는 걸 느낄 나이가 40대 중반쯤이 아닐까.

생각해보면, 100살까지 산다고 봤을 때 인생은 참 긴데 우리는 30살쯤 결혼을 한다. 그럼 70년은 한 사람과 아웅다웅하며 살게 된다는 말. 어떻게 보면 지루할 것 같기도 하다(사랑에 있어서). 아줌마들이 드라마에 열광하는 이유를 이제야 알 것 같다. 결혼 전에는 뭐 드라마에 멋있는 남자 주인공이 나온들 어쩐들 그냥 드라마일 뿐이란 생각이었는데 결혼하고 보니 뭐랄까 뭔가 대리만족이랄까. 난 이제 20대 아가씨가 아니고, 그래서 회사의 멋진 팀장님과 연애를 할 수가 없다!(아 물론, 미혼일 때도 그렇긴 했지만 적어도 새로운 누군가를 만날 기회는 있었잖는가). 아무튼, 그래서 드라마를 보면 마치 내가 고백받은 양, 설레며 좋아하게 되나 보다.

03.잠정적 근사치

'수정의 여지가 항상 남아 있도록 잠정적인 근사치에 만족해야만 한다.'

얼마 전 읽었던 책에 있던 글귀다. 육아서적이 아닌 역사에 관한 서적이었는데, 나는 이를 내 아이의 교육에 관한 부모들의 가치관에 대입해서 생각해보려 한다.

부모들은 자신의 아이에게 가끔 너무 큰 기대를 하며 그에 온전히 부응하기를 바란다. 다른 아이보다 좀 더 빨리 한글을 떼기를, 다른 아이보다 좀 더 빨리 그리고 좀 더 뛰어난 재능을 찾기를 바란다. 그러기 위해 각종 학습지를 시키고 피아노, 미술, 태권도학원을 보낸다. 책이 있는 환경이 좋다고들 하니 거실 벽 한가득 아이들의 책으로 꽉꽉 채워 놓는다. 물론 이 모든 것은 내가 아닌 사랑하는 내 아이를 위해서임은 틀림없다. 제 점심 한 끼 마음 편히 먹기 힘든 곳에서 벌어온 돈으로, 그렇게 아이들을 위해 기꺼이 돈을 쓴다. 그런데 이상하게 우리 집 아이들은 돈을 쓴 지 몇 달이 지났는데 여전히 한글을 띄엄띄엄 읽고 있다. 아니 매일 2장씩 해야 하는 학습지가 밀린지 오래다. 중학생 첫째가 학원을 간 줄 알았는데 아직 오지 않았다는 선생님의 전화를 받았다. 또 친구랑 놀러 간 거야? 나는 이만큼 힘들게 일하고 있는데 얘는 부모 속도 모르고 뭐하고 돌아다니는지 모르겠다.

이놈의 자식 집에 오면 눈물이 쏙 빠지게
혼을 내야겠다고 생각하는가?

아니면

일한답시고 아이를 내팽개친 내 잘못이라고
끝없이 자책하고 있는가.

부모와 아이는 사업 파트너가 아니다. 부모가 이만큼 해줬으니 아이도 부모가 기대하는 만큼 해줘야 하는 존재가 아니다. 부모는 그저 길을 만들어주면 된다. 또는 편안히 걸을 수 있게 돌멩이를 갓길로 치워주면 되는 것이다. 아이의 학습지가 밀려서 '너 오늘부터 매일 밀린 것까지 10장씩 해. 이건 네가 미뤄뒀기 때문에 그런 거야.'라고 말하기보다, 학습지가 더는 하기 싫은 건지 아니면 아이가 소화하기 힘든 양인 건지를 함께 이야기해보는 것이 우선이다.

'거실에 채워둔 책이 있으면 뭐하나. 읽지도 않는데...'가 아니라 엄마와 아빠와 '함께' 책 읽는 시간을 조금씩 늘려보자. 책을 사뒀다고 한글 모르던 아이가 마법처럼 금세 줄줄 읽는 것은, 있을 수 없는 일 않은가. 책을 그만큼이나 사줬는데도 아이가 그다지 똑똑해지는 것 같지 않다고 생각하지도 말자. 책은 당장 눈앞에 보이는 것이 아니라 내 아이의 전체 인생을 다듬어주는 큰 축이라고 생각해야 한다. 이 세상 모든 부모가 바라는 것은 결국, 내 아이가 큰 탈 없이 행복하게 잘 살기 바라는 것이다. 혹 큰 탈이 생기더라도 그것을 의연하게 헤쳐나갈 수 있는 사람이 되기를 바란다. 그렇다면 당장 눈에 보이는 밀린 학습지에

신경을 곤두세우지 말고 집에 돌아온 내 아이의 표정 하나
그리고 그 속의 마음 하나 먼저 찬찬히 살펴보았으면 좋겠다.
부모는 길을 닦아주고는 그 길로 아이가 걸어와도, 앉아서
쉬었다 와도 온 마음으로 사랑해주었으면 좋겠다.

04. 따뜻한 말 한마디

문제를 일으킨 아이 뒤에는 성공만 지향하거나 사회에 불만이 가득한 미성숙한 부모가 있었다. 공부 잘하고 교우관계가 원만한 학생이라도 절도나 폭력의 가해자, 자살과 게임중독의 당사자가 될 수 있었다.

-2016.06.07 동아일보 김단비 기자의 기사 발췌-

참 어렵다. 부모라는 것은. 말 한마디도 쉬이 뱉어버릴 수가 없다. 잘 정돈된 단어의 조합으로 이뤄진 매끄럽고 성숙한 문장으로 말하란 이야기가 아니다. 나의 말 한마디가 어떤 형식으로든 온전히 아이에게 영향을 미친다는 생각을 해야 한다는 뜻이다. 굳이 아이에게 직접적으로 하는 말이 아니더라도 마찬가지다. 모든 육아서에서 기본적으로 다루는 것이 '부모의 성숙한 양육 태도'이고, 그 태도에는 부드럽고 따뜻한 '말'이 포함되어 있다. 그런데 정작 부모들은 부드럽고 따뜻한 말을 얼마나 하고 있을까? 영유아기에는 사랑 가득 담은 말을 했을지도 모르겠다. 하지만 사춘기에 접어든 아이에게는? 줄이면 줄였지, 신경 써서 실천하는 부모는 잘 없을 것이다. 이제 컸으니까'말 안 해도 엄마의 진짜 마음은 알아주겠지.'라고 속단하기 때문 아닐까.

얼마 전 인터넷에서 이런 글을 봤다. '부모와 대화가 되지 않는 이유'라는 글이었는데, 사춘기 아들이 학교생활이 힘들다 했고 아버지는 그게 뭐가 힘드냐고 딱 잘라 말해버린 것. 배가 부른 소리라고도 하고 쓸데없는 소리라고 했다고. 말문이 막혀버린 아이는 '그래서 난 아빠랑 말하기가 싫다.'고 했다. 아버지는 '사회생활은 더 힘들며 네가 하는 것은 그에 비해 그리 힘든 일이 아니다. 너는 앞으로 더 큰 어려움에 언제라도 부딪힐 수 있다. 그러니 그런 작은 일에 휘둘릴 필요가 없다.'는 뜻으로 이었겠지만, 아이가 아버지의 입장에서 그 속뜻을 이해하고 헤아릴 수 있을까. 나도 그랬다. 초등학교 4학년 때 친구 관계로 힘들다고 느낀 내가 엄마에게 이러저러한 이야기를 했더니 엄마는 이렇게 말했다.

"쓸데없는 거 신경 쓰지 말고 공부나 잘해. 넌 공부만 하면 되는데 뭐가 걱정이니."

그 뒤로 나는 학교에서 있었던 일을 집에 와 이야기하지 않았다. 학교를 마치고 학원까지 들렀다 집으로 돌아온 아이에게 차가운 말로 상처를 주는 부모는 되지 말자. 상처를 통해 아이는 더 단단해질 거란 착각도 하지 말자. 따뜻한 말을 듣고 자란 아이는 따뜻한 가슴을 가진 어른으로 자란다는 것을 기억하자.

05. 정말로 요즘 엄마들이 문제인 걸까?

오늘날 부모들은 두 가지 교육 방식 사이에서 망설인다. 아이의 자율성을 빼앗는 권위적인 부모가 되기는 싫고, 그렇다고 너무 자유롭게 키워서 아이가 제멋대로 굴게 될까 고민한다. 아이들은 부모의 망설임을 재빠르게 알아차리고, 자신이 원하는 바를 얻기 위해 이 틈으로 비집고 들어간다. 다시 말하면 아이는 어린아이로서 가질 수 있는 절대 권력을 휘두르며 좌절을 참지 못하고 만족과 쾌락을 계속해서 누리려고 한다.

-[프랑스 엄마처럼 똑똑하게 야단쳐라/지젤조르주와샤를브뤼모] 중에서 -

내 아이가 자유롭게 커가길 바라지만 너무 버릇없어지면 안 돼. 그러니 야단칠 것은 야단치면서 바르게 키워야지.' 엄마 아빠의 따뜻한 보살핌 속, 창의적인 생각으로 원하는 꿈을 그려내고 실천하는 내 아이가 되길 바라면서 말이다. 하지만 문제는 부모가 아이에게 주는 '자유로움', 그 한계를 명확하게 구분 지을 수 없다는 것이다. 어떤 부모에겐 너무나도 큰 넓고 낮은 울타리, 또 어떤 부모에겐 높고 좁은 단단한 콘크리트가 그 한계가 된다.

"우리 아이 기를 죽이는 건 용납할 수 없어!"(경계 없는 자유)

"밥 먹을 땐 맛있다고 말하지 마. 밥은 당연히 먹는 거지, 맛있어서 먹는 게 아니야!"(지나친 억압)

극단적인 예에 불과한 말이라 생각되겠지만 정말로 누군가의 '부모'가 한 말들이다. 그런데 이런 한계를 옛날 엄마들은 잘 알았고 요즘 엄마들은 잘 모르는 것일까? 옛날 어머니들은 모두'헌신적'이었고, 요즘 엄마들은 모두'무개념'이라는 생각은, 착각이다.

솔직히 나는 '아이'를 그다지 좋아하지 않았다(특히나

미혼 시절엔). 마트나 백화점에 가서 시끄럽게 우는 아이를 다그치는 혹은 방관하는 부모들을 보면서 제 아이 하나 제대로 못 가르치나 싶어 짜증 났었고, 한글도 모르는 아이를 데려와 대사 하나하나 영화가 끝날 때까지 읽어주며 내 몰입을 방해하는 무개념 엄마가 미쳤나 싶었다(영어에 익숙해져야 한다며 더빙판 영화를 안 보는 엄마였다). 사방천지 분간 못 하고 위험하게 이리저리 뛰어다니게 놔두는 것, 사람 많은 식당에서 이 테이블 저 테이블로 왔다 갔다 정신없게 하는 것, 에스컬레이터 앞에서 위험하게 장난치며 내 진로를 방해하는 것 등등 '애들'은 나에게 있어 그저 마주치기 싫은 존재, 그뿐이었다.

자, 생각해보자. 10년 전에도 20년 전에도 개념 없는 엄마들은 주변에 늘 있었다. 아이 기 죽이지 말라며 바락바락 열 올리는 엄마, 식당에서 페트병에 소변을 누이거나 기저귀를 가는 엄마가 그때도 분명 있었단 말이다.

하지만 10년 20년 전과 달라진 것은, 지금은 SNS 시대라는 것! 지금은 이른바 '민폐 짓'을 하는 엄마가 있다면 곧바로 SNS를 통해 삽시간에 퍼질 수 있다. 인터넷 뉴스 기사를 통해서도 순식간에 수백 수천 명의 사람에게 손가락질을 받는다. '요즘 엄마들 하여간 쯧쯧' 하면서 말이다. 물론 옛날에도 당시의 '요즘 엄마들'이 욕을 안 먹은 건 아니다. 하지만 그때는 지금처럼 수많은 '감시자'들이 없었을 뿐이다. 그래서 나는 지금의 '요즘 엄마'들은 한계를 더욱 잘 알아야 할 필요가 있다고 생각한다(물론 비단 이런 수많은 '감시자들' 때문만은 아니다). 내 아이를 올바른 방법으로 올바르게 키우기 위해 꼭 필요한 일이다.

조건없는 자유로움과 지나친 규칙은 둘 다 위험할 뿐, 결코 득 될 것이 없다. 식당에선 얌전히 밥을 먹어야 하고, 사람 많은 곳에선 이리저리 뛰어다니지 말며, 극장에선 다른 사람에 방해되지 않게 서로 조심해야 하는 것이라고 가르쳐야 한다. 부모가 먼저 기본적인 사회 규칙을 실천하는 모습을 보여주는 것이 가장 좋겠다. 책이나 교육 관련 프로그램을 통해 몸소 익히는 것 또한 중요하다. 그러다 보면 자연스레 적정한 한계를 그릴 수 있을 것이다. 시대를 떠나 '요즘 엄마들 모두'가 문제인 것이 아니라 육아를 공부하지 않는 엄마가 문제다. 누구 하나 '육아'를 제대로 가르쳐 주지 않았다고 해서 망망대해 돛단배 하나로 버틸 수는 없는 노릇 아닌가.

06. 나, 너! 싫어.

몇 년 전, 오랜만에 훌훌 여행을 떠나던 날, 공항 출국장에서 나는 한 가족을 보았다. 엄마는 7살쯤 되어 보이는 첫째 딸아이의 눈을 똑바로 보면서 힘주어 또박또박 말하고 있었다.

"나, 너 싫어!"

아이는 주눅이 든 모습으로 엄마를 쳐다봤고, 남편은 둘째 아이가 눕혀진 유모차 옆에서 아내와 아이를 말없이 바라보고 있었다. 기분 좋은 가족여행이었을 그들의 여행은 그렇게 시작되고 있었다. 내 아이는 아니지만, 마음이 아팠다.

아이의 마음과 엄마의 마음이 동시에 느껴졌기 때문이다. 엄마는 아이를 사랑한다. 하지만 지금 당장은 아이의 행동이 마음에 들지 않는다. 그래서 생각나는 말을 뱉었다. 그리고 그 말은 아이의 가슴에 깊은 상처로 남을지도 모르게 되었다. 그렇게 툭 뱉은 말은 엄마의 부정적 감정의 해소에 도움이 되었을 것이다. 하지만 그 감정은 고스란히 아이에게 전달했을 뿐이라는 것을 우리는 알아야 한다. 내 아이에게 가장 많은 상처를 주는 사람이 바로 나 자신일지도 모른다는 사실을 늘 생각하고 있어야 한다. 10년 뒤에 20년 뒤에, 나는 기억도 못할 그런 일들을 아이는 가슴속에 켜켜이 쌓아두고 살았다는 사실을 알고 뒤늦게 후회해도 소용이 없다.

우리 친정엄마가 그랬다. 밖에서 일하고 들어와서 집이 엉망이면 처음엔 참는듯하다가 점점 끓어오르는 감정을 주체하지 못해 나에게 상처 주는 말들을 했었다. 그런데 그런 감정 섞인 말들은 언제나 나에게 화살이 되어 가슴 속에 깊히 박혔다. 언제는 나를 한없이 사랑한다더니 또 언제는 불같이 화를 내는 엄마, 언제는 우리 집 공주라더니 또 언제는 네가 공주냐고 타박을 하던 엄마. 이랬다저랬다 나는 혼란스러웠다. 그러면서 점점 내 생각도 굳어지게 되었다.

'아, 우리 엄마는 정말 나를 싫어하는구나.'

지금에 와서는 엄마를 이해하기 때문에 그런 상처들을 치유하며 살지만 결혼 전까지만 해도 나는 늘 엄마가 무서웠고 내가 엄마의 짐이라는 생각을 지울 수가 없었다.

그래서 나는 아이에게 최대한 상처 주는 말을 뱉지 않으려고 노력한다. 내 감정 해소는 결국 아이에겐 상처일 뿐이라는 걸 너무도 잘 아니까 말이다. 그런데도 가끔은 나도 울컥, 툭. 말을 뱉어버릴 때가 있다. 그러면 나는 또 미안함, 죄책감. 하지만 내가 나의 엄마와 다른 점이 있다면 나는 아이에게 사과한다는 것이다. 눈을 똑바로 맞추면서 아이에게 진심으로 사과한다. 왜 화를 냈는지 어떤 마음으로 그런 말을 했는지 그리고 그 말이 너에게 상처가 되었다면 정말 정말 미안하다고. 물론 이런 사과도 반복되면 결국 사과가 아닌 게 된다는 걸 앞서도 누차 말하지 않던가(반복의 힘!). 그러니 사과할 일(갑자기 소리치거나 상처 주는 말을 뱉는 것)을 하지 않는 것이 가장 중요하다. 내 아이가 상처받는 것이 기분 좋은 부모는 없다. 그러니 화를 내기 전에 무조건, 한 번 더 생각해보자. 아이의 지금 행동에 무엇이 문제이고 어떻게 해야 맞는 것인지 차근차근 말해주자. 그렇게 말하면 듣지도 않는다고 말하는 부모들도 있다. 아이와 같은 눈높이에서 아이와 가까운 거리에서 눈을 보며 진심으로 힘주어(목소리가 커야 하는 것이 아니다) 말해 보자. 한번, 두 번 언젠가는 아이도 엄마 아빠의 진심을 안다. 분명히.

07.스마트폰
으로
키우세요?

"엄마, 가지 마! 가지 마아~~~!"

엄마는, 아빠 곁에서 온갖 짜증을 내며 자신을 부르는 아이에게 되돌아가 스마트 폰을 쥐여줬다. 아이는 언제 그랬냐는 듯 금세 스마트 폰 속 작은 화면에 무섭게 집중하기 시작했다.

"엄마, 밖으로~ 밖으로오."

답답한 병원 대기실 밖으로 나가자는 아이, 소아청소년과 병원 대기실에는 이미 아이를 위한 방송이 틀어져 있다.

하지만 TV 따위는 진즉에 재미를 잃었다는 듯 엄마가 쥐여준 스마트 폰 속 작은 화면에 빠져버린 2살 꼬마 아이.

"얼른 밥 먹어야지~"

놀이터가 없는 식당에 앉아 지루함에 몸을 배배 꼬고 있는 아이에게, 스마트 폰은 어느샌가 특효약이 돼버렸다. 안다. 다 알고 있을 것이다. 엄마들은 스마트 폰이 결코 아이에게 좋은 영향이 아니라는 걸 알고 있다. 하지만 식당에서 떠들고 돌아다니게 하느니, 마트에서 시끄럽게 울고 있게 하느니, 귀찮게 밖으로 나가느니, 스마트 폰을 쥐여준다. '잠깐이니까.'라고 생각하면서. 그런데 깊이 생각해봐야 할 문제다. 그 잠깐이 너무나 잦진 않았는지. 잠깐, 잠깐, 잠깐이 아이의 일상이 되진 않았는지.

자, 그럼 스마트 폰이 없었던 시절로 돌아가 보자.
그땐 엄마들이 어떻게 했을까?
1. 윽박지르면서 아이를 다잡는다.
2. 어떻게든 아이가 지루해하지 않도록 소소한 경험을 하게 해준다.
3. 아이가 다 그렇지. 그러든 말든 신경 쓰지 않는다.

화를 내거나, 아이의 마음을 읽고 대처하거나, 방관했을 것이다. 스마트 폰을 쥐여주는 것이 화를 내거나 방관하는 것보다 낫다고 말할 수는 없다. 매번 하나하나 아이의 눈에 맞춰 세심하게 마음을 읽어줄 필요는 없겠지만, 적어도 그러려고 노력은 해야 한다고 생각한다. 아이가 몇 살이 되었든 엄마는 아이가 이 불편한 상황에서 어떻게 해야 하는지를 먼저 설명하고 알려줘야 한다. 병원 밖으로 나가고 싶어 하는 옹알이 아기에게도 말이다. 병원 밖에 나갈 수 없는 이유를 아이는 모른다. 물론 알려줘도 정확히 못 알아듣겠지만, 그래도 알려줘야 한다. 병원 안에는 어떤 재미있는 것들이 있는지 아이와 손잡고 대기실을 천천히 둘러보는 것, 종이와 펜을 줘 보는 것, 우리는 몇 번째 차례일지 이야기를 나눠보는 것도 해보면서, 최대한 지루한 시간을 버텨보는 경험을 해야 한다. 물론 아이에겐 종이와 펜을 주고 자신은 스마트 폰을 들여다보는 행위도 해서는 안 될 것이다. 이유는 말하지 않아도 다들 알지 않은가. 다들 스마트 폰을 보면서 키운다, 봐봤자 몇 분 보지도 않는다, 우리 아이는 중독이 아니라고 애써 위로할지도 모르겠다. 어차피 다른 사람들이 다 알지 못하는 우리 아이의 생활 방식이 있는 거니까...라 여기며 말이다. 하지만 '내가 너무 자주 보여주나?'라는 생각을 한 적이 있다면, 지금부터라도 사용 시간을 조금씩 줄여보는 노력을 해야 한다. 어쩔 수 없다. '난 내 아이를 위해 스마트 폰을 줘야 한다!'고 생각하지 않는 이상은 말이다.

여기서 잠깐! 라떼는?

나는 그랬다. 남편과 식당에 갔을 때 단 한 번도 아이(영유아기)와 셋이 나란히 앉아 밥을 먹은 적이 없다. 내가 밥 먹을 땐 남편이 아이를, 남편이 밥 먹을 땐 내가 아이를 봤다. 아이를 안아주고, 업어주고, 밖으로 바람도 쐬러 가고, 물컵에 물을 같이 따라보고, 휴지 한 장을 찢어도 보면서. 약간의 단점이 있다면, 남편이 나보고 먼저 먹으라며 아이를 챙길 땐 아이가 보채기 전에 허겁지겁 먹느라 체했고, 편히 먹으라며 아이를 데리고 밖에 나가 있을 땐 그게 또 마음에 걸려 허겁지겁 먹느라 체했다. (체하고 싶지 않아 어느 때부턴가 배달을 이용했는데, 그래서 내 살이 더욱. 하...)

우리 가족만의 새로운 생활 방식을 한번 찾아보자. 스마트폰을 대신할 수 있는 뭔가 색다른 즐거움을 연구해보자.

08.무지함의 대가

　나는 아이의 치과 치료를 위해 대도시로 간다. 치과라는 곳에 대한 두려움을 조금이나마 없애주려고 어린이 치과를 찾아봤는데, 이 작은 도시엔 어린이 치과가 없기 때문(당시엔)이다. 집에서 대도시의 어린이 치과에 가려면 새벽부터 일어나 준비하고 2시간을 넘게 고속도로를 타야 한다. 그런 불편함 정도는 괜찮다는 듯 불평 없이 따라나선 아이는 치과에 대한 거부감이 없이 첫 치과진료를 받았고, 40분이 넘게 걸린 치료를 생각보다 잘 견뎌주었다. 오히려 치과는 재미있는 곳이라 생각하기까지 했다. 그러던 작년 여름, 세심하고 꼼꼼한 치료가 필요한 게 아니라면 굳이 거기까지 갈 필요는 없을 것 같다는 생각에 앞니가 조금 불편하다는 아이를 데리고 별생각 없이 동네 치과에 갔다. 의사는 유치인 앞니는 어차피 곧 뽑아야 하는 거고 아이가 불편해하니 그냥 지금 뽑자고 말했다. 그때 나는 의사에게 이렇게 물었어야 했다.

"많이 흔들리지 않는데 괜찮을까요?"

라든지

"지금 뽑아도 영구치가 곧 나오나요?"

라고 말이다. 하지만 나는 나보다 의사가 잘 알 거란 생각에(잘 알긴 하겠지) 큰 거부감을 보이지 않고 그저 '네.'라 대답했다. 의사는 거의 흔들리지도 않는 앞니에 마취약을 앞쪽에만 소량 바른 후 곧바로 온 힘을 다해 강제적으로 뽑아버렸다. 한 번에 뽑히지 않아 여러 번 힘을 주면서까지 말이다. 순간 나도 아이도 너무 놀랐다. 아이는 엄청난 고통에 온몸이 경직되었고, 그 고통을 참으려 주먹을 있는 힘껏 꽉 쥐었다. 그리고는 다물지 못하는 작은 입을 벌린 채 소리를 질렀다. 나는 애써 놀란 기색을 감추고 그저 아이의 고통이 어서 빨리 끝나기만을 빌었다. 지옥 같던 그 시간을 아이는 지금도 이렇게 표현한다.

"온몸이 깨지는 것 같았어."

그 후로는 상당히 많이 흔들려 건드리기만 해도 빠질 유치를 뽑을 때도 예전에 다니던 치과로 간다. 물론 겁을 잔뜩 먹고 울어버리는 아이를 보는 것은 덤이다. 아이는 앞니는 이를 뽑은 후 1년이 지나서야 내려오기 시작했다. 앞니가 내려오려면 시간이 좀 더 필요하다는 원래의 치과 선생님 말씀을 듣고 나는 내가 얼마나 무지했는지 그래서 내가 아이에게 어떤 고통을 줬는지, 괴로운 마음이 들어 한동안 힘들었다. 유치 빠지는 순서를 꼼꼼하게 잘 알고 있었다면, 귀찮아하지 말고 애초에 제대로 살펴 봐주는 병원을 갔더라면, 앞니가 어떻게 불편한지 아이에게 좀 더 자세히 물어봤더라면 그랬더라면 더 좋았을 텐데, 그랬어야 했는데. 물론 무턱대고 뽑아버린 의사의 잘못도 있겠지만 그건 어차피 따져봐야 별 소득도 없는 일이다. 의학적 소견 운운하면서 보호자 동의를 받았다고 말할 테니 말이다.

한참이나 빠져있는 아이의 비어있는 앞니 자리를 보고

어머님은 이렇게 말씀 하셨다.

"칼슘이 부족한 거 아니니?"

제대로 알아보지 않고 병원을 찾았던 것이든, 진짜 칼슘이 부족한 것이든 어쨌든 내 탓이다. 무지한 내 탓. 무지함의 대가는 상당히 고통스럽고, 생각보다 오래간다는 걸 잊지 말자.

09.비오는 월요일

오늘은 비 오는 월요일, 새 학기가 본격적으로 시작되는 날. 새 학기라 이것저것 준비물만 한 보따리, 저학년 아이들이 그 많은 짐을 혼자 챙겨가기 버거울 정도다. 그래서 교실로 들어가는 입구에는 아이들과 엄마들로 북적북적, 정신이 없다. 빗물이 뚝뚝 떨어지는 우산에 살짝 젖은 양말은 기본. 아이의 교실이 있는 2층으로 올라가 교실 앞 복도에서 무거운 종이 백 2개를 넘겨주었다. 낑낑거리며 짐을 받아든 아이는 교실로 들어간다. 알아서 잘 하겠지만 나는 이렇게 덧붙였다.

"잘 챙길 수 있지? 엄마 갈게~"

그러면서도 휙 돌아서지 못하고 교실로 들어간 아이의 뒷모습을 보고 나서야 발길을 돌렸다. 집에서 학교까지 거리가 있어 매일 차로 등교시키는 나는 다시 차로 돌아가 골목이 한산해지길 기다렸다. 어차피 급할 것도 없고 지금 움직여봐야 뒤엉킨 차들로 옴짝달싹 못 할지도 모르기 때문이다. 10분 정도 차에 앉아있다 보니 이런 생각이 들었다. '내일은 책을 가지고 와야겠다.'고. '이사를 할까?' 어쩌면 이렇게 생각해야 하는지도 모르겠다만 뭐, 굳이.

집으로 돌아와 어질러진 집을 정리하고 컴퓨터를 켰다. 이제 커피를 한잔 마셔야겠다. 음... 이 글만 보니 이렇게 느껴진다. 남편이 벌어다 주는 돈으로 집에서 살림'이나'하는 팔자 좋은 여자.

보슬보슬 날리는 비가 내리는 서늘한 오후. 북북동 초속 9m의 바람에 체감온도 1℃인 바깥에서 25분을 덜덜 떨다 방금 집으로 돌아왔다. 아침에 교실 앞 복도에서 우산을 주지 않고 그냥 돌아 나왔기 때문이다. 원래부터 일을 만들어서 하는 일복 터진 나는 시간에 맞춰 덤덤히 차를 몰고 학교 앞으로 갔다. 이미 몇몇 엄마들과 학원 픽업 선생님들이 신발장 앞에 서서 오들오들 떨고 있었다. 나도 한 자리

차지하고 가만히 섰다. 행여나 나오는 아이를 못 보고 놓칠까 싶어 건물 안쪽을 뚫어지게 쳐다보면서. 그런데 갑자기, 28년 전의 내가 떠올랐다. 비가 오는 하굣길의 나 말이다.

우리 엄마는 '워킹맘'이었고 나는 그날 우산을 가지고 가지 않았다. 하교 시간, 교실을 나서 복도를 지나 중앙현관 앞에 우뚝 섰다. 다른 친구들처럼 우리 엄마도 곧 올 거라고 생각하면서. 자기 우산을 같이 쓰고 가자던 친구의 말에 '엄마가 올 거야.'라고 대답한 나는, 그렇게 학교 정문을 맨 마지막으로 빠져나갔다. 그리고 비 오는 날 학교 앞에서 엄마를 기다리는 바보 같은 짓은 두 번 다시 하지 않았다.

나올 때가 됐는데도 아이 모습이 보이지 않았다. 1학년 때 이용하던 첫 번째 문으로 나왔나 보다. 난 두 번째 문에서 기다렸는데. 아니나 다를까 첫 번째 문으로 갔더니 거기서 만난 엄마가 '○○이 아까 나갔는데?!'라고 했다. 원래 아이는 수업을 마치면 학교 후문에 있는 문방구에서 학원 선생님을 만나기로 되어있다. 그래서 나는 얼른 문방구로 향했다. 얇은 점퍼 하나만 걸치고 아이 쇼핑 중인 아이. 나를 보더니

"엄마~! 나 이거 사 먹고 싶었는데 돈이 없어서 구경만 하고 있었어."

라며 웃는다. 호주머니를 뒤적이니 천 원짜리 하나가 나온다. 천 원짜리는 금세 아이의 립스틱 사탕이 되었고, 우산이 없어 비 맞고 왔는데 엄마가 와서 사탕을 먹는다며 그저 즐거워하는 아이의 입속에서 달콤함이 되었다. 그럼 됐지 뭐. 문방구까지 비 맞고 왔지만 이젠 네가 즐겁다면 됐지 뭐. 다행이다. 아이는 학원 차를 탔고 나는 아이의 무거운 책가방을 들고 집으로 왔다.

아이의 뒷모습을 보고 있노라면 뭐랄까, 세상 짠-하달까.

초등학교 1학년 생활이 시작된 지 한 달이 채 되지 않을 때였다. 등교할 때 신발을 벗는 곳까지 데려다주는데 오늘부터는 교실에 들어서기 전에 운동장을 세 바퀴 뛰고 들어가야 한다고 했다.

"뭐? 운동장을 세 바퀴씩이나? 가방을 메고?"

"응. 가방을 메고 세 바퀴 뛴 다음에 교실에 가서

가방 놓고 줄넘기 챙겨서 운동장에서 줄넘기하라고
했어.”

 “반 친구들 전부다?”

 “응.”

 1학년인데 그걸 할 수 있을까? 아이와 운동장에서
헤어진 후 멀찌감치 떨어져서 바라보았다. 아이는 나와
멀어지자마자 전속력으로 운동장을 달리기 시작했다.
친구를 봤나? 하고 유심히 봤는데 친구를 본 게 아니라
그냥 선생님의 말씀을 잘 지키는 중인 아이였다(보니까
학교에서 전교생을 대상으로 하는 아침 운동 같은
거였다). 한 바퀴, 두 바퀴 그리고 천천히 걷다 뛰다
세 바퀴를 완료! 하고서는 언니 오빠들과 뒤섞여
씩씩하게 교실 쪽으로 향한다. 그런 아이의 뒷모습을
바라보니 왜 이리도 짠한지 주책스럽게 아침부터
눈물이 날 뻔했다.
 이제 조금씩 세상에 발을 내디디고 있구나. 저리도

작고 여린 몸으로 혼자서 잘 해내고 있구나. 내가 생각하는 것보다 훨씬 더 잘 해내고 있었구나. 뭐라 콕 짚어 설명할 수 없는 기분을 안고 운동장을 돌아 나왔다. 오늘도 너의 하루를 힘차게 응원할게. 즐겁고 재미난 하루이기를 엄마가 응원할게.

나는 매일 아이에게 사랑한다고 말한다. 자기 전에 늘 책 한 권을 읽어주고 좋은 꿈 꾸라고 주문도 외워주고 오늘 하루도 건강하게 지내줘서 고맙다고 말한다. 여기저기 다니고 이것저것 신경 쓰느라 온종일 지친 몸을 침대에 푹 하고 뉘었을 때, 조용한 의식을 치르듯 매일, 이렇게 마무리한다. 오늘도 무사히, 별 탈 없이 하루를 보낸 것에 대한 감사. 사실 처음부터 이런 엄마는 아니었다. 아이에게 치여서 짜증이 나고 힘에 부쳐 버거운 날들을 꾸역꾸역 힘겹게 넘기는 사람이었다. 그런데 생각해보면 답은 간단하다. 행복을 찾기 위한 답 말이다. 돈을 더 많이 벌고 아이의 성적을 더 올리고 비싼 집에 살고 그게 다 무슨 소용일까. 아프면 아무 소용이 없다. 알다시피 삶이라는 것은 한치 앞을 내다볼 수 없는 것이다. 내가, 내 아이가, 내 남편이, 내 가족이 갑작스럽게 아프거나 다치거나 혹은 더 큰 일을 겪었을 때, 그제야 후회하고 지난날을 그리워한들 아무

의미가 없다. 그냥 별 탈 없는 지금의 하루하루에 감사한 마음을 가지면 된다. 그러면 삶을 좀 더 긍정적으로 바라볼 수가 있고, 그런 에너지는 또 다른 좋은 기운을 가지게 하는 힘을 내게 줄 터. 육아는 길다. 몇 년 하다가 하기 싫다고 그만둘 수도 없고 이 아이가 싫다고 다른 아이로 바꿀 수도 없다. 적어도 아이가 온전히 독립할 수 있는 그 나이까지 주 양육자는 끝없는 마라톤을 해야 한다.

얼마의 속도로 어떻게 뛸 것인지 늘 고민하고 생각하는 엄마가 되자.

잊 지 말 아 요

당 신 은 해 내 고 있 어 요

이 책을 쓸 수 있도록 많은 고난과 역경 그리고 무한한 사랑을 준 내 딸과 극한의 우울함을 조용히 이겨낸 나에게 감사합니다.

출처

[피니시] 존 에이커프/다산북스

[프랑스 엄마처럼 똑똑하게 야단쳐라] 지젤 조르주, 샤를 브뤼모/아름다운 사람들

[아이의 재능에 꿈의 날개를 달아라] 박미희/폴라북스

[여자아이 키울 때 꼭 알아야 할 것들] 모로토미 요시히코/나무생각

[외동아이 키울 때 꼭 알아야 할 것들] 모로토미 요시히코/나무생각

[그게 뭐라고 자꾸 신경 쓰일까] 차희연/팜파스

[아이의 자기 조절력] 이시형/지식채널

[아빠의 자존감이 아이의 자존감을 높인다] 이수연/경양비피

[마더쇼크] 김광호, 김미지/중앙북스

[내 아이 열 살부터 다시 시작하는 엄마 노릇] 도이 다카노리/예문

[생존의 조건] 이주희/엠아이디

[우리는 언젠가 만난다] 채사장/웨일북

[일상의 인문학] 장석주/민음사

저는없습니다. 육아철학따윈.

초판1쇄 발행 2021년 09월 14일

글쓴이 황서현

펴낸곳 리케의 디자인랩
출판등록 제2020-000010호
발행자번호 (979-11) 975830
주소 경남 통영시 도남로195 통영리스타트플랫폼 1층
이메일 lykke@kakao.com

ISBN 979-11-975830-1-8
가격 16,000원

이 책은 저작권법에 따라 보호받는 저작물이므로 무단 전제와 복제를 금합니다.